KB144371

선진 국가로서
제조업의 역할

『日本製造業の後退は天下の一大事』
モノづくりこそニッポンの砦 [第3弾]

Copyright ⓒ 2020 Ito Sumio
Original Japanese edition published by The Nikkan Kogyo Shimbun, Ltd.
Korean translation copyright ⓒ 2020 by Sung An Dang, Inc.

선진 국가로서 제조업의 역할

일본의 장인정신과
해외 진출 사례 분석 리포트

이토제작소 대표이사
이토 스미오 지음
김재진 옮김

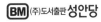 (주)도서출판 **성안당**

여러분과 함께 제조업의 번영을 목표로

최근 이공계 대학교의 교수님들이나 경제학 경영학과 교수님들과 대화할 기회가 늘고 있다. 이분들과의 대화 속에서 배운 개념이나 이론도 일부 원용하면서 나 자신이 생각하는 향후 경영의 기본 방향에 대해 설명하려고 한다.

❖ 출판 경위 ❖

2004년 4월, 나는 '공업조사회'라는 출판사로부터 《모노즈쿠리야말로 일본의 보루》*라는 책을 처음 출간하였다. 그리고 이어서 2015년 10월에는 일본경제신문BP로부터 《일본의 훌륭한 아버지식 경영》을 출판하였는데, 두 권 모두 업계나 관계 민간 여러 분에게 큰 호평을 받았다. 특히 중소제조업에 종사하는 분들에게서 많은 도움이 되었다는 소리를 들을 때마다 무척 기뻤다.

안타깝게도 공업조사회는 2010년 8월 출판사업을 그만두었다. 인쇄 회사의 재고분을 모두 인수하여 판매하고 있었는데, 재고가 없어진 시점에는 당사의 홈페이지(itoseisakusho.co.jp)에 접속하여 무료로 책을 읽어볼 수 있도록 하였다. 현재도 전국에서 많은 분들이 자주 이 사이트에 접속하고 있어서 진심으로 감사를 드린다.

다행히 과거 2권의 책에 대해서는 정부 관료나 산학연을 비롯한 많은 분들로부터 높은 평가를 받았고, 의도하지 않게 대학

---

* 모노즈쿠리: 최고의 제품을 만들기 위해 심혈을 기울이는 자세로, 일본사회의 장인정신을 의미하는 일본어이다.

생을 위한 과제 도서 등으로도 선정되었다. 또한 해외의 요청을 받아들여서 일부 내용은 번역되어 대학이나 업계에서 참고서로 사용되었다. 한편 내가 직접 듣지는 못했지만, 경영자가 책을 낼 필요가 있는지, 경영에 더욱 전념해야 하는 것은 아닌지, 더 나아가 자랑하고 싶은 것 아니냐는 비판도 당연히 있을 것이다. 그러나 나는 내 자신이 경영에서의 성공을 과시하고 싶은 생각은 추호도 없다.

지금까지 많은 분들께 배운 지식과 견문을 사회에 좀 더 폭넓게 환원하고 싶은 마음에서 이 책을 집필하게 되었다. 특히 중소기업의 차세대를 짊어질 신세대 경영자나 동업자 여러분들에게 조금이라도 도움이 되었으면 하는 마음에서 이번에 다시 펜을 잡게 되었다. 경영자이면서 이 책을 포함한 세 권의 책을 집필할 수 있었던 것은 나에게 무척 행복한 일로, 지도 및 협조를 해 주신 여러분에게 진심으로 감사를 드린다. 책을 출간한다는 일은 생각보다 힘들 뿐만 아니라 자신이 돋보이고 싶은 이기적인 동기만으로는 집필을 계속할 수 없다. 자신의 실적을 과시하고 싶다면 책보다 더 편안하고 효율적인 방법은 얼마든지 있을 것이다.

선진 국가로서 제조업의 역할

❖ 한국의 독자분들께 ❖

2004년 11월, 도쿄에서 연중행사인 한일금형포럼이 개최되었는데, 같은 호텔에 머물고 있던 한국금형공업협동조합 김학권 이사장으로부터 새벽에 전화를 받았다. 그해 4월 필자가 펴낸 저서를 그가 읽고 있었다는 소식을 들었다.

일본인의 이념으로 한일의 역사문제를 기술한 장이 있어서 이 부분에 대해 클레임을 거는 것은 아닐지 생각하면서 엘리베이터를 타고 로비로 향했다. 그는 만면에 웃는 얼굴로 악수를 청해 오면서 "이토씨가 쓴 책의 건입니다만"이라고 말해 순간 움찔했다. 그는 "이 책은 내용이 좋아 한국어로 번역해서 발매하고 싶은데, 인세가 얼마입니까?"라고 물어 깜짝 놀랐다. 한국에서의 출판 이유를 묻자 한국에서는 일본보다 금형업체의 위상이 낮아 일본 기업이지만, 이 책을 출간하면 한국 금형업체의 평가가 높아질 것이라고 대답했다. 나는 영광스러운 이야기여서 인세는 필요 없지만 역사문제 기사가 신경이 쓰여 사양했다. 나중에 생각난 일이지만 역사의 장을 삭제하고 출판해도 되었을 걸 그랬다.

이후 16년이 흘러 세 번째 출판인데, 이번에는 한·일 동시 발매를 계획하고 있다. 물론 애초부터 한국에서의 발매 예정은 없었다. 제록스에서 근무한 한국의 유능한 금형 기술사 김재진 씨는 2018년 1월부터 당사 필리핀 사업장에서 책임자로 근무하고 있었는데, 필자의 원고를 읽은 후 이 책을 한국에서도 발매하고 싶고 자기가 직접 번역하겠다고 나섰다. 일본 독자들을 위해 쓴 책이 문화와 습관이 다른 한국에서 얼마나 참고가 될지는 사실 모른다.

이전부터 생각하고 있었지만, 특히 제조업의 환경은 일본과 한국이 매우 유사하다고 본다. 지하자원이 없어서 수출에 의존하는 경제 구조도 마찬가지이고, 군사력과 외교력, 통화에 대해서도 수준급 국가이다. 이런 양국이 선진국 수준을 유지하려면 해외에서 재료를 수입하고 고도의 부가가치를 붙여서 수출하는 수밖에 없다. 다행히 국민의 손재주와 기술력은 세계에서도 최정상급이다. 필자는 한국의 대학교에서 강의를 하면서, 그리고 수많은 대학교수들과 한국금형조합 여러분들과의 오랜 교류를 통해 한국의 기술력과 지적 능력이 높다는 것을 잘 알고 있다. 그러나 최근에는 저출산과 유행의 변화 등으로 젊은이들의 제조업 기피가 매우 빠르게 진행되고 있다.

한일 양국이 지금까지 국가를 풍요롭게 키워온 요인은, 제조업의 필사적인 노력 덕분이라는 것은 틀림이 없는 사실이다. 만약 국가와 국민이 이러한 사실을 인정하지 않는다면 양국의 향후 발전은 있을 수 없다. 이에 경종을 울리는 의미에서 앞으로 어떻게 선진국을 유지할 수 있을 것인지에 대한 기대를 담아 한일 양국 국민들에게 호소한 것이 바로 이 책으로, 한국의 여러분들께 조금이나마 도움이 되었으면 하는 소망을 가져본다.

⚜ 왜 내가 이 책을 출판하는가? ⚜

이 책을 읽어보면 알겠지만, 나의 생각이나 지견이라는 것은 많은 분들과의 관계 속에서 만들어져온 것이다. 선대 사장 부친의 인생 교훈이나 조언은 지금도 확실하게 마음에 두고 있다. 의무교육이나 고등학교 및 대학교에서의 배움도 경영을 하는 데 매우 큰 도움이 되었다. 젊은 시절에는 현장의 장인들로부터 기술과 노하우, 그리고 장인세계의 관례를 엄격하게 배웠다. 아울러 거래처인 대기업의 경영자나 관리자분들에게서 경영이나 영업에 필요한 스킬에 대해서도 서로 가르침을 받았다. 또한 이 공계 대학교의 교수님들과 금형 및 생산기술에 대한 공동연구도 진행했다. 최근에는 경제학 및 경영학 등 사회과학계 인사들의 기업 조사도 적극 수용하고 있으며, 이들 대학교의 교수님들과 대화를 통해서 많은 학술적 지견도 배웠다. 요컨대 내가 지금 가지고 있는 경영이나 기술에 관한 지견과 노하우는 확실히 내 안에 있는 것이다. 동시에 지금까지 이러한 모든 것을 배우게 해 주신 많은 분들의 지견의 뭉치는 소중한 유산이므로 결국 내 것이 아닌 것이다.

사회과학계 교수님들과의 대화에서, 경제에 있어 본연의 자세가 서서히 변용되고 있다는 이야기를 들었다. 그동안 자본주의 사회는 '전유'와 '경쟁'을 큰 특징으로 삼았지만, 앞으로는 '공유'와 '협조'라는 시각이 중요해진다는 것이다. 이것은 셰어드 이코노미(shared economy)의 조류라고도 할 수 있지만, 확실히 우리 자동차산업에서도 미래 기술의 방향성으로서 CASE, 즉 연결(Connected), 자율주행(Autonomus), 공유화(Shared), 전동(Electric)이 주목받고 있다. 지금은 코로나 바이러스의 영향으로 약간 어려운 상황이다. 하지만 자가용을 택시와 같이 공유하는 Uber나 자택을 호텔과 같이 공유하는 Airbnb 등은 확실히 셰어드(shared, 공유)를 화두로 한 신흥 비즈니스로 부각되고 있다.

나는 어느덧 "그 아저씨는 말하고 싶어서 어쩔 수 없구나!"라고 주위 사람들이 말하는 것을 부드럽게 허락해 주는 나이가 되었다. 그리고 자신 안에서 암묵적으로 축적되어 온 지견이나 노하우를 글을 통해 형식지로 전환한 후 사회로 환원해야 하는 의무가 있는 것인지 생각해 본다.

지금까지 내가 해 온 경영은 회사가 처한 시대나 상황 속에서 다행히 일정한 유효성이 있었다. 그러나 각 회사가 처한 상황은 천차만별이다. 더욱이 향후 중소기업의 젊은 경영자들은 변화무쌍하고, 불확실하며, 복잡하고 애매한 경영 환경에서 나아가야 할 방향이 요구될 것이다*. 우리 세대가 처한 경영 환경보다 분명히 어려운 상황 속에서 생존을 도모해야 한다. 그러므로 나와 같은 아버지세대는 창피를 당할 각오로 장인정신을 가지고 물건을 만들어온 제조업 속에서 지금까지 자신이 축적해 온 지견이나 노하우를 오픈하여 차세대를 담당하는 후계자나 사원들에게 기업의 테두리를 넘어 함께 공유해야 하는 필요와 책임이 있다.

나는 사회에 나와 제조업에 종사한 지 이제 55년 정도 경과했다. 그동안 오일 쇼크나 엔고, 리먼 쇼크 등 온갖 불경기와 어려움을 겪었다. 예상을 뛰어넘는 수많은 제조업이 도산하거나 폐업했지만, 살아남은 수많은 중소제조업체들은 이전보다 더욱 강인하게 탈바꿈한 기업이 많다. 1985년 선진 5개국 재무장관 및 중앙은행총재회의(플라자 합의) 이후 급속히 엔고가 되었고, 이 때문에 수출을 주력으로 하고 있던 우리는 고객으로부터 단가 인하 요청을 많이 받았다. 그리고 고객의 요청에 대한 대응과 생존을 위해 합리화와 개선을 거듭하면서 살아남기 위해 목숨

---

* 이것을 'VUCA시대'라고 한다. VUCA는 변동성(Volatile), 불확실성(Uncertain), 복잡성(Complex), 모호성(Ambiguous)의 첫 글자를 조합한 말로, '뷰카시대'라고 읽는다.

을 건 노력을 계속해 왔다.

현재 존속하고 있는 제조업체는 이러한 일련의 장벽을 뛰어넘고 단련되어 강한 체력과 기술력을 가진 기업이 되었다고 할 수 있다. 수년 동안 계속해서 합리화와 비용 절감을 더해 고품질의 제품을 만들어온 결과, 이제는 임금 수준이 낮은 아시아의 제조업체보다 오히려 저렴하게 고품질의 제품을 만들 수 있는 기업도 적지 않다.

지금은 미화 1달러에 110엔 정도로 환율이 안정되어 있다. 하지만 그동안 급격한 엔고로 폐업한 기업은 헤아릴 수 없이 많다. 살아남은 기업들은 저마다 큰 강점을 가지고 있음에도 불구하고 "우리 회사는 아무런 특징도 없다."고 말하는 사장들을 자주 만난다. 그러나 아무런 특징도 없는 기업이 30년에서 50년 이상 지속될 수 없는 것이다. 단지 자사의 강점을 깨닫지 못했을 뿐이다. 일본의 금형업계는 지난 20년 간 약 40%의 업체가 사라졌지만, 총 매출액은 그 비율만큼 떨어지지 않았다. 즉, 각각의 기업은 제각각 성장하고 있었던 것이다. 설립한 지 100년이 넘는 전 세계 기업들 중 80%가 넘는 26,000개 업체는 일본 기업이다. 이렇게 존립하고 있는 것은 일본 국민은 옛날부터 조용한 민족이므로 '노사 모두가 기업을 지키자!'라는 자세가 저

변에 깔려 있었기 때문이다.

1970년경부터 일본의 제조업은 주목받기 시작하여 전 세계의 고객들에게 고품질의 공업제품을 홍수처럼 수출하고 있었다. 'Made In Japan'의 자동차와 카메라, 음향기기, 공작기계 등은 저렴하면서도 높은 품질로 평가되어 해외에서 인기가 높았다. 그 결과, 세계의 돈이 일본으로 모여들었다. '일본의 기세는 세계 어느 나라도 멈출 수 없다.'거나 '21세기도 일본의 우위는 계속된다.', '기러기떼의 선두주자로 날아가는 일본' 등 전 세계로부터 크게 주목받았는데, 1990년대 이후 태어난 젊은이들은 이것을 이해하지 못할 것이다.

1980년대에 이르러서는 전 세계가 일본을 '세계의 초선진국'이라고 불렀다. 그 결과, 국가나 금융기관, 기업에 거액의 돈이 모여들었는데, 해외 자산의 구입뿐만 아니라 대형 공공시설의 투자와 건설 붐, 분수에 맞지 않는 주식 투자나 토지 구입 등이 이후 버블 붕괴의 발단이 되었다. 당시 전 세계에서 일본을 선진국이라고 불렀던 이유는, 정치력이나 금융, 농업, 건설업 등에 의한 것이 아니라 전 세계로부터 질투를 살 정도로 일본의 막후를 지탱하고 있었던 제조업의 노력 때문이었다. 1980년대 이후 아시아를 방문했을 때 흔히 듣는 말은 '일본의 정치는 삼류, 제조는 일류'였다. 국가나 국민이 이러한 사실을 제대로 인식하지 못한 데서 차질이 빚어졌다. 제조업의 열정이라면 한국도 마찬가지이다.

농업이나 건설, 금융 등과 같이 정부에 의지해 온 업계가 세계시장에서 경쟁사를 이겨낼 수 있는 강인한 기업이 될 수 있었을까? 이제는 전 세계 누구나 인정하는 제조업체의 모범이 된 혼다조차도 자동차는 무리이다. 당분간 오토바이만 생산하라고 위에서 재촉하던 시기가 있었지만, 이제는 세계의 톱 메이커가 부러워하는 비즈니스 제트기까지 제조 및 판매하고 있다. 그결과, 역사와 전통을 자랑하는 미국의 항공기 제조회사들도 혼다를 우러러보게 되었고 수주도 최고에 올랐다. 항공기 생산에서는 미국이 환경 면에서 얼마나 유리한 지는 알 수 없지만, 가능하다면 일본에서 개발과 생산을 진행했으면 했다. 부모로부터 과잉보호를 받으며 자란 아이가 평범한 성인이 되는 반면, 혹독한 환경에 내던져진 아이가 고통을 이겨내고 훌륭한 성인으로 성장하는 것과 비슷하다. 혼신을 다한 제조야말로 그 나라의 존재 가치를 높이는 유일무이한 수단인 것이다.

올해 초부터 코로나 바이러스 감염이 확대되어 그 영향이 전세계로 확산되고 있다. 나의 오랜 경험상 이것은 경제에 가장 큰 영향을 미칠 것으로 우려된다. 우선 이러한 사태가 언제 수습될 것인지 전혀 알 수 없다는 것에서 위기감을 느낀다. 설령 세계대전이 발발해도 전 세계의 항공사가 멈추는 일은 없을 것이다. 하지만 현재와 같이 전 세계에서 외출이나 행사가 모두 금지되어 있는 것은 모든 비즈니스에 악영향을 미칠 것이다. 일본에서 개발된 치료제 아비간(Avigan)이 코로나의 종식에 큰 도움이 되었으면 좋겠다. 기업은 살아남기 위해 이 위기에 적극 대처해야 한다. 다행히 살아남은 기업들은 과거 어느 때보다 훌륭한 경영을 할 수 있을 것으로 기대하며 이 고난에 맞서고 싶다.

선진 국가로서 제조업의 역할

김종호 (전 서울과학기술대학교 총장)
류제구 (한국금형공학회 초대회장, 서울과학기술대 명예교수)
김세환 (국립 공주대학교 금형설계공학과 명예교수)
김학권 (전 한국금형공업협동조합 이사장, 재영솔루텍 회장)
박순황 (전 한국금형공업협동조합 이사장, 건우정공 대표이사)
황규복 (한국금형기술사회 회장)

김종호 (전 서울과학기술대학교 총장)

 일본의 프레스금형 관련 중견업체인 이토제
작소는 자동차 부품을 위한 프로그레시브 금
형 생산과 이것을 이용한 부품 생산을 전문
으로 하는 기업이다. 이 회사의 사장인 이토
스미오 사장님과는 오랫동안 인연을 맺고 있
고, 서울과학기술대학교 학생들에게 강연을 해 주시기도 했다.
그리고 여름방학 동안에는 숙식을 제공하면서 우리 학생들의
해외 현장실습까지 지원해 줄 정도로 한국에 많은 관심과 애정

을 가지고 계신 분이다.

금번에 출간되는 이토 사장님의 《선진 국가로서 제조업의 역할》이라는 저서는 본인의 어린시절부터 부모한테 받은 교육과 어렵고 힘든 경험을 통해 자신을 발견하고 발전시켜나가는 과정, 그리고 아버지의 안정된 어망사업 승계보다는 향후 경쟁력이 있을 금형 분야로의 사업을 전환시키는 과정을 담고 있다. 그리고 50~100명 규모의 중소기업을 위한 경영기법으로 사원을 가족처럼 배려하고, 타사가 어려워하는 기술력 있는 제품을 개발하며, 원가를 절감하는 도전적 창의력, 저출산과 젊은이들의 3D 업종 기피를 장기적으로 대처하기 위한 해외 사업망의 개척과 확장 과정 등에 대해 진솔한 개인 의견과 경험을 자세하게 기술하고 있다. 일본 전후세대들의 고생담과 개척정신, 그리고 나라를 사랑하며 이웃의 국가들과도 어떻게 협력해야 할 것인지에 대한 의견도 많이 제시하고 있다. 따라서 앞으로 창업하려는 사람들이나 금형업체를 운영하고 있는 관리자나 경영자들은 꼭 읽어볼 만한 필독서라고 생각한다.

본인도 이토제작소를 여러 번 방문하여 사장님을 만난 적은 있지만, 이 책을 읽으면서 이토 사장님의 인간적인 매력과 경영

전략을 제대로 알 수 있었다. 그리고 이러한 마음가짐과 도전을 꾸준히 지속해야 'VUCA World'라고 하는 4차 산업혁명시대에도 제조업이 성공할 수 있음을 확신하게 되었다. 마지막으로 이토제작소가 일본과 해외에서 성공할 수 있었던 키워드인 이 회사의 이토 스미오 사장을 '아버지의 탈을 쓴 전략가'가 아니라 '아버지의 마음을 가진 창의적 경영전략가'라고 칭하는 것이 더 올바른 표현일 것이다.

류제구 (한국금형공학회 초대회장, 서울과학기술대 명예교수)

이토제작소는 일본 중부 미에 현 욧카이치 시에 있는 금형 및 부품 전문 생산 기업으로, 1989년 여름방학에 지인인 우에다 가스히로 사장(오가키정밀)의 안내로 방문하고 상면하였다. 그 당시 이토제작소는 선친이 개업하여 45년이 지난 프레스 전문 중소기업체로, 자체 제작하는 순차 이송형 금형으로 각종 부품을 양산하고 있었다. 회사를 방문했을 때 휴식시간에 사내에 조성된 쇼트홀 골프장에서 직원들이 골프연습을 하는 모습이 특이했다. 이후 방문할 때마다 새로운 금형으로 신제품을 소개하는 모습에서 지속적으로 연구하고 발전해 나가는 것을 알 수 있었다. 또한 필리핀과 인도네시아에 법인을 설립하여 중소기업으로서 세계화 전략을 성공적으로 완수하였고, 우리나라 서울과학기술대학 금형 설계학과와 자매결연을 맺고 꾸준히 교류하고 있다.

이 책의 저자인 현재의 이토 스미오 사장도 창업 2세로서 입사 후 10여 년간 트럭운진사를 하면서 호된 후계자 훈련 과정을 거쳤다. 하지만 3세인 이토 류헤 실장도 미국 플로리다대학교에서 수학한 수재로서 입사 후 생산 현장부터 금형 설계까지 기술적인 실무를 맡아 총괄하면서 충실하게 경영자의 훈련 과정을 밟고 있었다. 이와 같이 나는 이토제작소를 매우 모범적인 회사로 알고 있다. 저자인 이토 스미오는 궁도, 헬기 조종, 마술, 골프, 영어, 대학교수 등 다재다능한 천재 사업가라고 생각된다. '천재는 1%의 영감과 99%의 노력으로 만들어진다.'는 말이 있듯이 그의 화려한 경력 뒤에는 수많은 노력의 결과가 숨어 있다. 그는 대학시절 궁도부 주장으로 우승을 휩쓸면서 실력을 발휘했고, 소형비행기 조종면허를 취득해서 ㅡㅡ고 ㄱ용이니 등 보통 경영자에게는 없는 독특한 캐릭터를 가지고 있다. 또한 그의 마술 솜씨는 프로 수준이어서 아베 총리도 극찬할 정도였다. 골프도 핸디캡 7 실력이고, 각종 국제회의에서는 통역 없이 연설했다고도 한다. 이번에 출간하는 《선진 국가로서 제조업의 역할》 저서를 통해 수십 년간의 경험으로 얻은 경험과 지식을 사회에 환원하려는 그의 깊은 뜻을 알 수 있다. 이토제작소의 경험과 노하우를 집대성한 이 저서는 많은 경영인과 젊은 세대에게 큰 도움이 될 것이다.

김세환 (국립 공주대학교 금형설계공학과 명예교수)

금번 주식회사 이토제작소의 이토 스미오 회장님께서 집필하신《선진 국가로서 제조업의 역할》이라는 저서를 출판하게 되었는데, 이에 진심으로 축하의 말씀을 드린다. 이토제작소는 1964년부터 정밀 프레스금형을 설계·제작 및 제품 양산까지 하고 있는 일본의 우수한 금형기업체이다. 특히 이 책에는 해외법인으로 창업된 필리핀과 인도네시아 사업장 진출에 대한 성공적인 경험담을 피력하고 있다.

부친의 조언을 회사 경영에 적극 활용하여 재료 이용률을 향상시키고, 품질 관리(수리 보수)가 용이한 수명이 긴 금형을 저가로 제작하고 있는 비법 등을 기술하고 있다. 이토 스미오 회장은 한국을 방문할 때마다 이토제작소의 성공사례 제품들을 지참하여 선물로 주시면서 개발 기술 내용을 설명하시는데, 그중에서도 프로그레시브 단조금형 개발이나 금형을 이용한 다축태핑성형기 개발은 큰 자랑거리이다. 그리고 전단가공(shearing work) 제품들의 전단면(smooth shcard) 형상을 볼 때 파인블랭킹 제품들의 전단면과 큰 차이가 없을 정도로 수준이 높은 뛰어난 기술의 전단금형을 제작하고 있다.

저와 이토 스미오 회장과는 프레스금형으로 만나게 된 지 15여 년이 되었으며, 공주대학교를 방문하여 금형설계공학과 학생들에게 특강도 해 주시고, 충남 아산에 있는 우리집 농장도 방문하셔서 한국의 농촌생활 환경을 들여다보면서 복분자(raspberry) 재배와 알밤(chestnuts) 수확에 깊은 관심을 갖는 등 다정한 학형이다. 끝으로 이 책을 읽는 독자와 금형인들에게 이 책이 기술 개발이나 경영철학 및 해외시장 진출에 도움을 주는 이정표가 되기를 기대한다.

김학권 (전 한국금형공업협동조합 이사장, 현 인천경영자총협회 회장, 재영솔루텍 회장)

이토 회장의 《선진 국가로서 제조업의 역할》책 출간을 진심으로 축하한다. 이토 회장과는 25년 전 한일금형포럼을 개최할 당시 일본 금형공업협회의 우에다 회장님과 함께 인연을 맺게 되었다. 이토 회장을 처음 대면했을 때 밝고 편안한 모습이었으며 나에게 항상 새로운 부품을 보여주곤 했다. 또한 모노즈쿠리의 기본과 그 부품들을 보면 자동화 공정으로는 도저히 생산할 수 없는 정밀 제품(프레스 부품)도 보여주었다.

사업을 경영하면서 연구하는 이토 회장의 모습에는 후배를 양성하기 위한 자신의 기술과 삶의 과정이 녹아있는 것 같다. 특히 이토 회장은 한일 간의 금형 기술 교류에 많은 관심을 갖고 있었고, 후배 양성에도 적극적으로 지원했다. 일본 국민들에게 녹아있는 모노즈쿠리 정신은 이토 회장의 금형 기술에서부터 출발하는 것이 아닌가 하는 생각이 든다.

시대 흐름에 따라 어려운 환경을 극복하고 국내 및 해외로 사업을 확대하는 상황에서 후배들의 참고서가 될 수 있도록 집필

한다는 것은 대단한 열정이 있어야 가능하다. 일본의 제조산업은 이토 회장 같은 분이 든든하게 뿌리를 내리고 있기 때문에 산업경쟁력을 갖추고 있다고 생각한다. 이토 회장은 겸손하고 공감할 줄 알면서 용기 있고 매우 현명하다. 그리고 엔지니어 기업가로서 글로벌 환경에 발빠르게 대응한다. 또한 이 책은 그동안 쌓아온 경험에서 얻은 커리어를 통한 통찰력을 후배들에게 전하는 지침서이기도 하다.

박순황 (전 한국금형공업협동조합 이사장, 건우정공 대표이사)

이토 스미오 회장의 저서 《선진 국가로서 제조업의 역할》 국내 출판을 진심으로 축하한다. 흔히 '멀고도 가까운 나라'라고 하는 한국과 일본은 서로 참 많이 닮아 있다. 지정학적 위치, 부족한 자원, 전후 경제 성장의 과정 등이 특히 그러하다. 이와 같은 환경 속에서 양국은 제조업, 특히 금형의 중요성을 인식하고 집중 육성하며 성장해 왔다. 실제로 양국이 글로벌 금융위기 등과 같은 국가적 위기를 신속히 극복할 수 있었던 것도 제조업이 굳건히 버팀목이 되었기 때문이라고 생각한다. 그러나 최근 양국 제조산업계는 피할 수 없는 커다란 과제를 안고 있다.

우리는 인구감소와 인식 변화에 따라 젊은 기술인의 유입이 감소하고, 세계시장에서의 치열한 경쟁과 4차 산업혁명 시대에 대한 대응 등 급변하는 산업환경에 놓여 있다. 또한 최근 코로나19 팬데믹으로 인해 전 세계 산업 전반에 큰 위기가 도래한 상황이다.

오랜 제조업 경험과 통찰력을 지닌 이토 스미오 회장은 이 책을 통해 우리가 안고 있는 문제의식을 함께 고민해 주고 있다.

기술인의 자세, 후진양성의 열정, 직원을 대하는 진정성, 기술향상에 대한 끊임없는 장인정신, 세계시장 진출에 대한 경영전략 등 우리 금형제조산업계가 나아가야 할 방향을 제시하고 있다. 전 세계가 어려움을 겪고 있는 힘든 시기인 만큼 비록 국가는 다르지만, 금형기업을 운영하는 같은 금형인로서 그의 경험에서 우러나온 이야기가 큰 용기와 위안이 된다. 특히 75년의 역사를 가진 이토제작소와 가업을 이어 경영하고 있는 이토 스미오 회장의 기업가 정신은 분명 우리가 가슴 깊이 새겨들어야 할 것이다. 금형 기술을 배우는 학생부터 제조업 최고 경영자까지 이 책을 꼭 추천하고 싶다.

끝으로 이 책의 저자, 이토 스미오 회장이 세계시장을 무대로 승승장구하며 한국 금형산업에도 유익한 조언과 양국 간에 긴밀한 가교 역할을 해 주시기를 기원한다. 그리고 오래도록 우리에게 즐거운 마술과 웃음을 전해 주시기를 부탁한다.

황규복 (한국금형기술사회 회장)

이토 회장의《선진 국가로서 제조업의 역할》저서 출간을 진심으로 축하드린다. 한국 금형기술사회는 정부의 주도하에 금형공업 육성책의 일환으로 1888년 국가 기술자격 검정제도 중 최고 수준의 자격증인 기술사에 금형 분야를 신설했다. 1989년 금형기술사를 처음으로 배출한 후 지금까지 수많은 훌륭한 기술사들이 배출되어 사회 각 분야에서 맹활약하고 있다.

최근에는 가장 인기 있는 국가 기술자격증으로 금형 기술사 자격증이 매스컴에 보도되었으며, 자격 취득자의 평균 소득 수준도 최고의 기술 자격으로 평가받고 있다. 일본에는 금형 기술사 종목이 없다. 하지만 전 종목을 망라한 한일 양국의 한국기술사회와 일본기술사회는 50년 전부터 매년 한일기술사 대회를 한국과 일본에서 교대로 개최하면서 기술사 상호간의 교류를 계속 유지하고 있다.

이토 회장님은 일본금형공업회의 부회장과 국제위원장을 다년간 역임하신 금형업계의 원로로서 일본금형공업협회의 우에다 전임 회장님과 함께 친한파로서 알려져 있다. 본회가 이토 회장과 인연을 맺게 된 것은 5년 전 한국금형기술사포럼에 기조 연설자로 이토 회장을 초빙하여 자신의 경험을 토대로 주옥 같은 경영의 경험을 들려주셨을 때였다. 특히 본회의 원로인 김재진 기술사님이 책임자로 있는 이토제작소 필리핀 법인(ISPC)은 동남아 금형업계의 생산 및 수출 거점으로서 필리핀에서는 보기 드물게 현지화에 성공하여 훌륭하게 성장하고 있다.

한국에 오실 때는 항상 샘플들을 가지고 오셔서 친히 신기술 동향을 알려주시고, 기술적인 사양이나 생산의 노하우를 소개하실 뿐만 아니라 토론을 좋아하시는 인품 때문에 모두 감복한다. 특히 틈틈이 마술을 선보여서 누구든지 3분 안에 친구로 만드는 친화력은 국적을 떠나 젊은 우리가 배워야 할 점이라고 생각한다.

이 책은 이토 회장의 생애를 통한 금형업계의 노하우와 자신의 경험이 녹아들어있는 경험서이다. 따라서 코로나사태로 인한 혼돈의 시대에 금형업계에 몸담고 있는 경영자나 엔지니어에게 이 책이 훌륭한 지침서가 되리라고 확신하며 일독을 권하고 싶다.

목차

제1장   젊은 리더에게 미래를 맡긴다

제2장   미래 자동차의 주류는 전기 자동차일까, 하이브리드일까?

제3장 반짝반짝 빛나는 자랑할 만한 회사가 되려고 노력해 온 것

제4장 필리핀 진출이 성장궤도를 확실히 하다

제5장 일본의 상식이 통하지 않는 인도네시아

제6장 이웃 국가들과 잘 지내기 위한 각종 행사

제7장 모노즈쿠리의 부흥을 정치권과 정부, 언론에 고한다

제8장 경영자로서의 이토 스미오가 되기까지

제9장 아버지에게서 배운 사회학과 경영

전략가인가, 아버지인가
- 이토 스미오 씨가 '규격 외의 경영자'로 평가되는 이유

제1장

젊은 리너에게 미래를 맡긴다

출산 고령화 때문에 고령자의 연금 재원 확보를 위해 젊은이들의 부담이 커진다고 하는 이야기가 요즘 화제이다. 연금이란 본래 개인과 기업이 낸 사회보험료를 되돌려받는 제도이다. 국가 예산보다 많은 고액의 연금 120조 엔을 지불하고 있지만, 해마다 젊은이들의 수가 감소하고 있기 때문에 지불한 연금을 그대로 수급자에게 돌려주는 최악의 흐름이 진행되고 있다.

연금제도가 출범한 후 한동안 정년 퇴직자에 대한 연금 지급이 거의 없었기 때문에 축적된 거액의 연금 자금을 낭비하고 불필요한 건물이나 시설을 건설하는 데 펑펑 쓴 것이 문제의 발단이었다. 여기에 금리 인하, 디플레이션 정착, 자산 운용의 실패가 큰 영향을 미쳤다. 역대 사회보험청 장관의 책임을 일절 묻지 않는 것은 일본 국민의 온화한 성격 때문인지도 모른다.

젊은이들의 제조업 이탈을 꼭 막아야 한다

2019년 한국의 출생아 수는 29만 명으로, 베이비붐 세대인 90만 명의 3분의 1 이하가 되었다. 일본도 2019년 출생아 수는 90만 명 이하로, 단카이세대*인 260만 명의 3분의 1 이하가 되었다. 이로 인해 한일 양국은 젊은이들의 제조업 이탈이 더욱 가속화될 것으로 우려되고 있다. 만약 제조업의 쇠퇴로 무역 적자가 발생하면 세계로부터의 신용과 신뢰는 모두 사라지면서 최빈국이 될 수도 있다. 지금은 반도체, 자동차, 철강, 화학제품뿐만 아니라 유명 브랜드의 식료품 등 상품을 폭넓게 수출하고 있지만, 우리의 강점은 무엇일까? 금융, 군사력, 자원도 아니고 식량과 원유는 거의 수입으로 조달하는 나라이다. 외화를 벌지 못해 신용이 땅에 떨어지면 수입 물량이 제한되고 수입 가격도 단번에 비싸져서 선진국형 생활을 할 수 없게 되는 것을 각오해야 한다.

과거부터 현재까지 세계가 한국과 일본을 높이 평가하는 주된 이유는 '제조 능력'과 '국민들의 높은 교육열' 때문이다. 전 국

---

* 단카이세대: 1947년부터 1949년에 태어난 일본의 베이비붐 세대

민이 제조업에 종사할 필요는 없지만, 제조국가로서 앞으로도 매년 꾸준히 성장하는 것은, 한국과 일본이 선진국을 유지할 수 있는 절대적인 조건임은 틀림없을 것이다. 젊은이들이 제조에 대해서는 세계를 계속 리드해 나가는 것을 소홀히 한다면 한일 양국의 미래는 없다고 생각한다.

이런 의미에서 제조업체로부터 젊은이들이 이탈하는 것이 국가의 멸망으로 이어진다고 해도 과언이 아니다. 젊은이들이 제조업을 얕보다가 인근 국가에 뒤지면 선진국에서 탈락할 수도 있다. 재정 적자가 계속되면 경제는 얼어붙고, 세계에서 신용을 잃으면 주식은 폭락한다. 그 결과, 기업은 대폭적인 구고 조정을 단행하여 청년들이 취업하기 어려운 빈곤국가가 될 것이다. 요즘은 옛날 동네공장과 같이 3D로 부르는 제조업체는 도태되어 없어지고 매력적인 직장으로 변모하고 있다. 외화의 가득액을 줄이지 않기 위해서도 자신이 몸담고 있는 상품의 제조기술에 관심을 두어야 한다는 것을 이해했으면 한다.

아직도 제조업체에는 최신 설비와 장인정신을 가진 기술자들이 많기 때문에 다음 세대의 젊은이들에게 기술을 전수할 수 있는 기회는 지금뿐이다. 제조업의 후퇴는 천하의 중대사라고 생각한다.

▲ 즐겁게 제조업에 종사할 수 있는 환경

한국이 가진 고유의 제조기술을 한글을 전혀 이해하지 못하면서 3년 비자로 취업하는 외국인 근로자들에게 맡겨서는 경험과 기술이 전수되고 축적될 수 없기 때문에 결국 외국에 비해 뒤지게 되는 것이다. 다음 세대를 짊어질 우수한 젊은 인재들이 제조업 분야에서 많이 활약해 줄 것을 간절히 기대한다.

해외로 유출되는 일본 기술자

당사가 CAD/CAM(컴퓨터 지원 설계)을 도입한 것은 1983년이었는데, 그로부터 몇 년 후 나름대로 좋은 성과가 나왔다. 이러한 정보를 일본의 상사로부터 파악한 아시아의 메이커로부터 시스템의 소개와 강연 요청을 받았다. 그 시기에 아시아 국가에서 CAD를 도입하는 것은 시기상조라고 생각했다. 왜냐하면 단지 설계 시간의 단축만을 목적으로 한 고가의 소프트웨어 도입은 투자 회수가 불가능하기 때문이었다. 이것은 설계한 후 NC공작기계의 무인가공과 연계해야 효과가 나타나는 것이다. 당시 NC공작기계의 독무대였던 고가의 일본제 설비를 아시아 국가에서 여러 대 도입하기는 너무 위험한 것이었다. CAD 시스템을 소개하고 설명할 때 언어 소통을 걱정했지만, 한국 등 아시아 각국에는 이미 수많은 일본인 기술사가 진출해 있어서 진혀 문제가 없었다.

금형 컨설턴트, 설계, 사상조립 등의 분야에 다수의 뛰어난 일본인 기술자가 진출해 있는 것을 알았다. 그 이유를 조사해 보니 일본인 금형 기술자의 급여가 너무 저렴했기 때문이었다. 제2차 세계대전 후 미국의 제조업이 활발할 무렵 미국의 금형 기술자는 고급차를 타고 차의 트렁크에는 독자적인 공구나 치공구를 갖추고 고액으로 금형기업에 자신의 기술을 판매하고 있었다. 또한 고급 사교장에서는 의사나 변호사, 유명 스포츠맨과 동격으로 즐길 수 있었다. 일본인은 선천적으로 제조 DNA를 가지고 있어서 학력에 관계없이 제조기술자가 많았다. 대부분의 일본 기업은 종신고용제 때문에 금형 기술자만 특별한 대우가 곤란했다. 그 결과, 주로 엔고에 의한 불황으로 공작기나 금형 메이커는 대폭적인 정리해고를 실시했는데, 이때 급여가 높은 베테랑 기술자들이 타깃이 되었다. 오랫동안 회사에 공헌했던 이들은 이런 처사에 반발했고, 대만으로 건너간 공작기계 제조업체 기술자들은 일본에서보다 더 좋은 기회를 만들자는 생각으로 열심히 노력했다. 하지만 해외에 취직한 일본인 기술자들은 자신들이 가지고 있는 기술을 본국 기술자들이 습득하자, 몇 년 만에 해고되는 예가 많았다.

제2장

미래 자동차의 주류는 전기 자동차일까, 하이브리드일까?

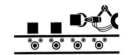

　2015년 10월에 두 번째 발매한 저서 《일본의 훌륭한 아버지식 경영》이 출간된 지 5년이 경과했다. 그 사이, 세계경제나 안전 보장, 제조국의 분포나 각국의 성장이 큰 폭으로 변화해 왔다. 연간 70일 가까이 해외에 나가 있는 나는 일본의 강점과 약점, 좋은 점과 나쁜 점에 대한 정보를 쉽게 얻을 수 있었다. 이제는 선진국화되고 평화망상증에 빠져있다는 말을 듣는 일본이 되었지만, 지금도 다른 나라에는 없는 훌륭하고 좋은 것들을 많이 가지고 있다. 그러나 주변국의 경제적, 기술적 성장을 눈으로 직접 보면 일본의 장래를 걱정하지 않을 수 없다.

일본에 대한 신뢰는 기술력

　단카이세대인 우리는 지금의 젊은이보다 많이 고생한 것은 사실이지만, 그들보다 훨씬 좋은 체험과 경험을 할 수 있었다. 다음 세대를 짊어질 젊은이가 과거 우리보다 좋은 생각을 가지고 있어야 성장할 수 있는 것이다. 패전으로 초토화된 일본은 다른 나라에 유례가 없는 단기간에 산업력과 기술력을 훌륭하게 쌓아왔다.

　일본은 전후 19년 만에 전 세계에 유례가 없는 고속열차와 고속도로를 개통하였고, 이듬해에는 올림픽을 개최할 수 있었지만, 이런 일이 가능한 나라는 전 세계에서 많지 않다. 그런데 최근 임금 수준이 낮다는 이유로 공산품이 해외로 대체되고 있는 것은 방심과 태만의 결과가 아닐까? 이 책은 당초 2022년에 출간 예정이었지만, 출간을 앞당기기로 한 것은, 특히 제조에 종사하는 젊은이들에게 한시라도 빨리 내가 경험한 것과 해외 사정의 변모를 전하고 싶었기 때문이다. 독자들에게 알기 쉽게 전달하는 의미에서 기탄없이 솔직하게 말하고 싶지만, 정부나 자치단체, 다른 업종에서 활약 중인 여러분들로부터 반론이나 비판을 받는 것은 각오하고 있다.

1990년경까지 해외를 방문했을 때 일본인에 대한 신뢰나 평가는 상상 이상으로, 당시에는 해외에 나가는 것이 큰 즐거움이었다. 그 무렵, 나 같은 경영자나 영업을 하고 있는 사람보다 일본의 기술자는 특히 우대받고 있었다. 그만큼 일본의 기술이나 공산품이 뛰어나서 기술자에 대한 훌륭한 대접이 크게 유행했다. 하지만 그 후 헤이세이* 불경기로 '잃어버린 10년, 20년'이라고 부르던 시기에는 일본의 존재감이 매우 비참하였다. 하지만 최근에는 일본에 대해 다시 신뢰나 존경, 주목도가 높아지고 있다.

일본의 노벨상 수상

2018년 가을, 교토대학교의 고등 특별 연구원의 혼쇼유 특별 교수가 노벨 의학 이론상을 수상했다. 암세포를 공격하는 면역 세포에 제동을 거는 단백질을 발견하고, 이것을 획기적인 면역 요법으로 연결시켰는데, 이러한 발견은 암 걱정을 해야 할 나이가 된 우리 세대에게도 매우 든든한 일이다.

---

* 헤이세이: 1989~2019년 일본의 연호, '잃어버린 20년' 또는 '헤이세이 불황'이라고도 한다

다음 해인 2019년 가을, 리튬 이온 배터리를 개발한 요시노 아키라 씨 등 3명이 노벨 화학상을 수상했다. 이 제품은 세계에서 수십 억 명의 사람들의 주머니에 들어있을 뿐만 아니라 공장이나 사무실에서도 없어서는 안 되는 상품이 되었다. 공교롭게도 2020년 3월에는 해상자위대가 세계 최초로 리튬이온전지를 탑재한 잠수함(왕룡)을 도입했다. 폭발하기 쉬운 이 전지의 위험성을 제거하고 잠수 행동 범위를 두 배로 높인 획기적인 무기이다. 핵잠수함을 꺾을 수 없을 것이라는 이야기도 있지만, 대양을 넘나들면서 작전을 벌이는 전략무기가 일본에는 이제 필요없다.

과학자가 존경받는 사회

소위 '반일국가'라고 부르는 나라에서 일본을 계속 방문하고 있다. 그들은 스스로 상상했던 일본과 차이가 있는 것에 놀랐다. 관광지뿐만 아니라 어느 동네에도 쓰레기통이 거의 보이지 않지만, 쓰레기가 한 장도 떨어져 있지 않았다. 외출할 때 나온 쓰레기를 각자 집으로 가져간 것을 안 중국인이 놀랐다는 사실이 우스웠다. 일본인은 반일국가 국민들에게조차 평등하고 예의가 바르다. 중국이나 한국의 여행자는 거의 모두 일본에 대해 좋은 인상을 가지고 귀국하고 있다. "방문 전에 가졌던 일본에 대한 선입견과 완전히 다르다."고 여행 소감을 밝히기도 한다. 이제 제대로 된 일본을 소개하면 우리나라도 좋아질 것이라는 목소리가 높다. 이런 민도의 차이가 노벨상 획득과 관련이 있을 것이라는 논평이 중국에서 방영되었다.

과거에는 1년 정도의 주기로 총리가 바뀌어 외국에서는 내가 생각하는 것보다 훨씬 더 떨어진 평가를 받았다. 아시아 각국에서 일본에 대한 인식이 변화되는 부분은 경제가 회복된 것과 매년 노벨상을 수상하는 것과 관계가 있다. 노벨상 수상은 아시아에서는 일본이 가장 많고, 전 세계에서도 세 번째이다. 한 중국인은 일본이 노벨상을 수상한 것은 지폐를 보면 알 수 있다고 했다. 중국의 지폐에는 정치가 모택동이 있지만, 일본에는 과학자나 교육자가 지폐에 있다. 과학자가 존경받는 것은 일본에서만 있는 일이라고 말할 수 있다.

미래 자동차의 주류는 전기 자동차일까, 하이브리드일까?

대학교의 강의나 일반 강연에서 다음과 같이 지적하는 질문을 많이 듣는다.

"전기 자동차(EV)가 대세가 되면 엔진이나 라디에이터, 머플러, 미션을 생산하는 기업에는 역풍이 된다. 또한 가전업체에서도 쉽게 제조할 수 있고, 부품 수도 크게 줄어들기 때문에 일본 자동차 업체는 큰 위기를 맞을 수 있다"

우리 회사도 생산량의 90% 이상은 자동차 부품이지만, 이런 질문에는 매우 낙관적인 답변을 하고 있다. 향후에는 갈수록 하이브리드카(HV)가 주류가 될 것으로 예상하고 있다.

HV(하이브리드) 차 주류설의 근거

HV 주류설은 다음과 같이 두 가지 근거를 바탕으로 한다.

근거 1 ∥∥

EV는 '무공해차'라고 부르지만, 발전소에서는 석유나 석탄을 사용하고 있다. 한편 전 세계 자동차가 모두 HV가 되면 세계 휘발유 소비량은 단번에 60% 정도 감소하게 된다. 이와 같은 화석연료의 절감으로 HV보다 나은 자동차는 현재 존재하지 않는다.

근거 2

'전기전자 메이커에서도 EV는 쉽게 생산할 수 있다.'고 하는 것은, 차의 기술이 무엇인지를 모르는 매스컴이 발설한 정보일 것이다. 안전한 자동차 생산은 그렇게 간단한 것이 아니다. 자동차 메이커에서는 인명에 관계되는 기능을 갖는 제품에 대해서 몇백만 회의 테스트와 1년간 쉬지 않고 반복적으로 내구 테스트를 실시하고 있다. 사실 '이렇게까지 할 필요가 있을까?'라는 생각이 들 정도이다. 사막이나 극한지에서 자동차가 고장나면 죽음으로 이어지기 때문에 고온다습한 시험실과 초저온 시험실에서 반복적으로 시험하는 것이다. 한국과 일본의 자동차가 자국에서의 평가 이상으로 해외에서의 신뢰가 높은 것은 이러한 이유 때문일 것이다. 중국이나 구미의 자동차 메이커는 이러한 한국과 일본의 하이브리드 차(HV)의 성능에 위협을 느끼고 있는 것이 틀림없다.

이것은 도요타는 하이브리드 특허를 세계에 개방했지만, 세계적으로 CO_2를 줄이고 싶다는 훌륭한 판단의 결과이다. 다른 메이커가 HV를 생산할 무렵 자사의 시스템은 한층 더 강력하게 되면서 동시에 소형으로 고성능, 저가격화를 완성할 수 있다는 자신감이 있을 것이다. 각국이 이런 상황인데도 EV를 고집하는 이유는, HV로는 대항할 수 없다고 판단했기 때문이다. 과거 유럽에서 열린 동계올림픽 점프경기에서 일본 선수가 메달을 독차지했다. 그러자 스키판의 길이를 키에 맞추도록 룰을 개정해서 체격이 떨어지는 일본인에게 핸디캡이 되게 했다. 제조업에서도 마찬가지로 일본의 영향력을 줄이려고 하는 것처럼 보인다.

▲ 당사가 생산하고 있는 부품의 예

▲ 수주가 순조롭게 늘고 있는 HV용 부품

남미나 남아프리카 등에도 향후 자동차가 보급될 것을 생각하면 자동차는 해마다 계속 증산될 것이다. 하지만 증산분이 모두 EV를 대체하는 것은 곤란하다. 중국이나 캘리포니아 주에서는 어느 시기부터 EV만 구입 허가를 낼 수 있다고 발표했지만, 그 시기가 오면 크게 혼란스러울 것으로 예측된다. 최근 중국은 PHV를 EV로 인정했는데, 이것은 일본의 하이브리드카 실력과 장점을 간파한 것으로 보인다. 또한 일본 메이커와 기술 이전 계약이 생긴 것일까? 몇 년 후에는 전 세계적으로 플러그인 하이브리드 붐이 온다고 장담할 수 있다.

하시모토 교수의 HV 평가

평소 정보를 자주 교환하고 있는 하시모토 히사요시 정책연구대학원대학교 명예교수가 EV차에 관한 귀중하고 방대한 자료를 보내주었다. 다음은 나의 생각과 일치하는 HV의 평가를 소개한 것이다.

- 경제산업성은 장래에 EV 보급률이 10~20%라고 예상하고 있지만, 실제는 2% 정도일 것이다.

- 중국에서 BYD라는 배터리업체가 자동차산업에 뛰어들었지만 잘 운영되지 않아서 망할 것 같은 자동차 회사를 매수해 겨우 생산할 수 있었다. 냉장고와 TV는 고장나도 사람이 죽지는 않지만, 안전에 대한 철학이 없는 기업에서 자동차를 생산한다는 것은 불가능에 가깝다.

- 지구상에는 -40℃나 되는 혹한 지역이 있다. 산 속에서 바퀴가 빠지거나, 고장이 나거나, 고속도로에서 큰 교통정체에 걸리면 히터를 사용하는데, 온도차 40℃ 이상의 온기를 얻는 데 몇 시간을 버틸 수 있을까? 이 경우 전기를 모두 써버리는 것과 동시에 동사한다.

- 고속도로에서 EV가 40km에 걸쳐 막히면 2차로라면 12,000대의 차량이 고속도로에서 꼼짝 못한다. 이 경우 충전 방법은 없다. 가솔린차라면 일부 기름이 떨어지지 않는다고 해도 폴리 탱크 1개분만 배송하면 어떻게든 움직일 수 있다.

- EV는 주행거리가 짧은 것으로 알려졌지만, 8년 이상 사용하면 기능이 크게 떨어진다.

교체 비용이나 전지의 폐기 장소 등도 장래에는 문제가 된다. 리튬이온전지에는 리튬과 코발트가 필요하다. 리튬은 남미에 무한히 있지만, 코발트 자원은 매장량이 유한하고 콩고공화국에만 있다. 콩고에는 내전시대부터 중국이 평화 유지를 위해 인민해방군을 파견하고 있으며, 콩고 정부와 중국은 견고한 외교 관계를 유지하고 있다. 또한 중국은 콩고에서 코발트를 채취할 수 있는 최대의 광산을 매수하고 있다.

인프라의 완비

21세기 초까지 방콕의 교통 정체는 세계에서 최악으로 알려져 있지만, 현재는 고가도로나 철도가 지나가면서 훌륭하게 개발이 진행되었다. 한편 마닐라, 자카르타에서는 러시아워 때 1km 거리를 30분 이상 걸려서 도착하는 것도 흔한 일이다. 1,400만 명에 가까운 도쿄는 러시아워 때에도 부드럽게 달릴 수 있는데, 이것은 지하철 덕분이다. 만약 '서울에 지하철이 없다면?'이라고 상상만 해도 무서운 일이다. 전체 시민이 차로 출퇴근하면 연료를 대량 소비하게 되어 심각한 양의 대기오염이 발생할 것이다. 지하철뿐만 아니라 전국 방방곡곡까지 열차로 갈 수 있는 한국과 일본은 세계에서도 유례가 없는 인프라를 완비해서 수많은 교통 혜택을 입고 있다는 것을 꼭 기억하자.

▲ 인도네시아 자카르타 고속도로 정체는 세계적으로 유명하다.

교통 인프라가 완비된 우리도 양손을 들어 기뻐할 수만은 없다는 점이 있다. 고속도로와 가교, 터널뿐만 아니라 가스, 수도, 전기, 하수도 등 전국에 공공사업이 걸쳐 있지만, 모두 반세기가 지나 내용연수가 임박해져서 재정비가 필요하게 되었다. 저출산 고령화로 고령자에 대한 연금 때문에 젊은이들의 부담이 증가하는 것이 문제라는 것은 이미 말했다. 마찬가지로 막대한 비용이 드는 인프라 설비의 재정비 비용을 인구가 감소된 후에 투입하는 것은 상상하는 것만으로도 무서워진다.

우리 젊은이들이 장래에도 살기 좋은 나라를 유지하려면 지금부터 기본적인 대책을 장기적으로 진지하게 수립하고 추진해야 한다. 전국의 유권자들이 선출한 국회의원은 자신의 지역에 보답하고 싶을 것이다. 하지만 다가오는 사회간접자본(SOC) 노후화에 대한 보수 예산이 최우선이며 해당 규모가 막대하다는 것을 잊어서는 안 된다.

아세안에서는 합작회사 설립이 유행이다

한국과 일본에는 폭넓은 기술력과 경험이 있어 신뢰할 수 있는 높은 문화 수준과 금전 감각, 좋은 매너 등으로 아시아 각국에서는 한일 기업과의 합작회사 설립이 인기가 높다. 국내는 수요와 공급의 불균형으로 공급업체에 불리하기 때문에 경쟁 기업이 적고 수주가 쉬운 아시아 국가로 진출하려는 기업이 많다. 시장이 큰 나라로 나가면 수주가 쉬운 것은 사실이지만, 충분히 신중하게 검토해야 한다. 합작기업의 설립 희망 상대를 만나면 그들은 최고급 접대를 하므로 감격해 하거나 쉽게 신용해서는 안 된다. 자금 이야기가 나오면 갑자기 인격이 돌변해서 사원의 교육 방법이나 장래의 이익 계획뿐만 아니라 설비 투자에 큰 차질이 생길 수 있다.

일반적으로 설립 후 2~3년 안에 그들은 큰 배당을 희망하지만, 고정밀 제품을 생산하는 기업일수록 장기간의 교육이 필요하다. 하지만 이것을 이해하는 외국의 기업인은 드물다. 또한 경영에서부터 기술, 영업 등을 영어로 소화해 낼 수 있는 인재는 매우 적어서 합작 상대편을 유리하게 만든다. 그러므로 향후 해외 진출을 계획하는 기업은 몇 번씩 상대국을 방문하여 충분히 정보를 얻어야 한다. 그리고 이미 진출한 기업에서 최신의 올바른 정보를 얻는 것이 매우 중요하다.

▲ 초정밀 연삭 가공에 의한 금형의 경면사상 플레이트

▲ 고정밀도가 요구되는 순송금형

제2장 미래 자동차의 주류는 전기 자동차일까, 하이브리드일까?

제3장

반짝반짝 빛나는
자랑할 만한 회사가
되려고 노력해 온 것

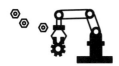

1965년에 입사한 나는 경험과 지식이 없었지만, 회사를 성장시키고 싶다는 생각이 머릿속에서 떠난 적이 없었다. 입사 50년 후의 창립 70년이 지났을 때 겨우 회사의 형태가 되어 갔다. 반세기에 걸쳐 회사를 좋게 하기 위해 그동안 내가 관철해 온 것 중 중요한 요소를 네 가지로 선정하여 보았다.

사원을 소중히 하는 경영

'저 회사는 기술이 있다.'는 표현은 잘못된 것이다. 실제로는 '저 회사에는 훌륭한 기술자가 있다.'라고 말해야 정답일 것이다. 어떠한 사정으로 장인 기술자가 퇴직했을 때 단번에 실적이

제3장 반짝반짝 빛나는 자랑할 만한 회사가 되려고 노력해 온 것

떨어진 기업은 적지 않았다. 기업의 크고 작음을 불문하고 반짝 반짝 빛나는 회사로 만들어지는 것은 직원의 관리력이나 기술력 수준에서 결정된다.

대학교에서의 강의나 강연, 신문, 잡지 등을 통해서 나는 항상 '사원을 소중히 하는 경영'을 외치고 있다. 이것은 호세이대학교의 사카모토 코우지 전 교수와도 공유하는 이념이다. 사카모토 전 교수는 "사원을 소중히 하고 있는 대부분의 회사는 대체로 이익을 올려 강인한 기업이 되어 있다."라고 발표했다. 중소기업에서는 우수한 청년을 채용하는 것이 매우 어려우며, 직원을 소중히 여기지 않는 경영에 미래는 없다고 단언한다. 올해에도 저출산은 한층 더 진행되고 있어 젊은이의 채용난이 중소기업에게는 최대의 과제가 될 것이다. 따라서 채용한 사원을 더욱 소중히 여겨서 고도의 교육을 실시해야 기업이 발전하는 것이다.

어떻게 하면 사원이 즐겁게 일할 수 있을지, 또한 어떻게 하면 회사에 대해 계속 희망을 가질 수 있을지, 이런 방향으로 회사를 운영하는 것이 맞는지 등이 나의 영원한 테마이다. 지인으로부터 '고객은 소중하지 않은가?'라는 지적을 농담삼아 많이 받는다. 사실 수준 높은 사원과의 좋은 결속이야말로 고객을 소중히 하고, 고객의 신뢰를 받기 위한 요소이며, 기업이 성장하는 가장 중요한 조건이다.

가족들에게 세뱃돈 지급하기

당사는 올해로 창업 75주년을 맞았다. 오랜 기간 큰 어려움 없이 살아남을 수 있었던 것은, 주위의 여러분과 계속 좋은 관계를 유지할 수 있었기 때문이다. 특히 직원들을 소중히 하고 가족과 같은 관계를 유지해 온 것이 당사의 힘이다.

종전 직후 물건이 없던 시절에는 만들면 불티나게 팔리는 상황이었기 때문에 중소기업은 인력난에 시달렸다. 당사도 다분히 유망한 사원을 충분히 채용할 수 있던 해는 한 번도 없었다. 그래서 우리 회사에 입사해 준 직원에 대한 감사의 마음은 더할 나위 없이 크다. 저출산이 지속되어 중소기업에서 채용난이 갈수록 어려워질 것으로 예상되므로 중소기업은 매력이나 장점을 갖춘 기업으로 거듭나야 한다.

당시 어머니는 직원들이 일을 마치면 식혜와 단팥죽, 잡채, 군고구마 등을 매일 대접했다. 그런 부모님의 뒷모습을 보고 나는 직원들을 더욱 소중히 여기는 경영술을 배웠다. 부모와 자식이 직원들에게 다양하게 배려해 왔지만, 나의 오랜 경영 경험에서 직원들로부터 크게 감사를 받은 사례를 소개하고 싶다. 2차 오일 쇼크가 발생하기 바로 전년도인 1978년 설날의 일이다. 12월 초, 아버지에게 300만 엔의 돈을 사용하고 싶다고 부탁했다. 그해에 우리 회사는 과거에 없던 좋은 실적을 올렸기 때문에 나는 설날에 직원 가족들에게 세뱃돈을 주고 싶다고 생각했다. 어머니의 따뜻한 식혜도 나쁘지 않지만, 회사에 이익이 발생할 경우에는 사원들이 용돈을 받고 싶을 것이라고 나는 생각한다. 하지만 아버지는 그렇게 하다가 내년에 이익을 못 내면 직원들이 뭐라고 하겠느냐고 말씀하셨다. "만약 불만이 생기면 내가 책임지고 타이르겠어요."라고 말하자, "마음대로 해!"라고 아버지는 마지못해 허락해 주셨다. 나는 아버지를 대신해 다음과 같은 편지를 쓰고 새해 첫날 아침에 가족들에게 현금 세뱃돈 봉투를 보냈다.

'새해 복 많이 받으세요. 가족 여러분, 당사는 여러 모로 작년이 가장 실적이 좋은 한 해였음을 보고드립니다. 매출은 과거 실적보다 최고를 기록하였고, 이익은 법인의 신사록에 게재되는 4,000만 엔에 이를 것 같은 금액이었습니다. 이것은 직원들이 평소에 회사에 대해 노력한 결과임은 두말할 필요도 없으며, 평소 가족 여러분의 진심어린 지원이 있었기 때문에 발생한 결과라고 생각합니다. (중략) 실로 적은 금액이라 송구스럽습니다만, 가족 여러분께서 감사의 마음으로 이해해 주십시오.'

— 쇼와 53년 1월 설날 대표 이사 사장 이토 세이이치

▲ 사원의 가족들에게 쓴 편지

그 후 8년에 한 번 정도 가족들에게 세뱃돈을 지급했다. 물가가 쌌던 때이긴 하지만, 불과 300만 엔의 선물이 계기가 되었다. 이후 상여금이나 승급, 복리후생 등에서의 민원이 격감해 이직하는 사람은 거의 없어지고 소통이 잘 되는 좋은 사풍이 생겼다

제3장 반짝반짝 빛나는 자랑할 만한 회사가 되려고 노력해 온 것

고 자부하고 있다. 문자나 카카오톡, 라인 등의 메시지가 없던 그 시기에 설날 연휴가 끝나면 많은 가족들이 아버지에게 감사의 전화를 걸어왔다. 아버지는 기뻐서 "너는 정말로 돈 쓰는 솜씨가 좋구나!"라고 말씀하신 것을 잊을 수가 없다.

배려의 경영

선진국인 일본인을 채용한 후 그들에게 월급이 많으면 불평이 없을 것이라고 말해도 통하지 않는다. 일이 보람 있거나 직장의 분위기가 좋고, 쾌적하며 안전한 환경을 제공하는 등 기업으로서 여러 가지 배려가 필요한 것이다. 나는 입사 이래로 직원들이 기뻐할 일을 수없이 많이 해 왔다. 지인은 이익이 나지 않을 때 지출하기 힘들 것이라고 말하지만, 사원들이 항상 기분 좋게 업무를 처리함으로써 생산성을 높일 수 있다면 선물 비용 같은 것은 별것 아니라고 생각한다. 내가 과거에도, 현재에도 계속 배려하고 있는 것을 소개해 보겠다.

- 매년 신입사원을 포함해서 5~6명 정도의 사원을 필리핀 사업소의 크리스마스파티에 참석시킨다.
- 매월 첫째 날 전체 조례일은 초밥의 날로 정했다. 사장이나

영업의 간부들은 고객과 자주 초밥을 먹지만, 제조업은 현장의 직원들이 주역이므로 그들이 맛있게 식사하도록 하자는 것이 계기가 되었다.

- 사원들의 생일에 케이크를 선물하고 매일 오후에 빵을 지급한다. 또한 아키타현의 명품 쌀 10kg을 매년 두 차례씩 지급하고, 연말에는 냉동 토시코시 소바와 라면세트, 추석에는 국수와 내가 직접 만든 국수 다싯물, 그리고 매월 단위로 직원들의 생일파티를 열어준다.

- 회사의 업적이 크게 성장한 해에는 가족들에게 세뱃돈을 지급한다.

직원들이 기분 좋도록 나는 정기적으로 카레, 스키야키, 논두릅, 조림, 계란말이, 중국식 멘마조림, 치쿠젠니 팬케이크 등을 직접 만들어 함께 나누어주면서 높은 점수를 받고 있다. 직원들과의 유대관계를 강화하려면 맛있는 것을 함께 먹으면서 대화해야 한다. 어떤 직원은 아내에게 "여보, 사장님처럼 맛있는 요리를 할 수 없어?"라고 요청했는데, 부인은 "사장님도 남자인데, 당신도 만들어 보는게 어때요?"라고 회답했다고 한다.

사장이 여가를 즐기고 싶다면 젊은 직원들은 분명히 더 놀고 싶을 것이다. 지난 해 가을에 완성한 복리후생동(면적 430㎡)에는 스크린 골프와 휘트니스, 노래방, 그룹 사운드, 숙박용 룸, 욕실, 사격장, 바비큐 행사 코너, 텃밭, 퍼팅그린 등의 시설을 설치했는데, 매주 사원들과 이용하면서 직원들을 보다 견고하게 결속시킬 것이다. 장래 저출산으로 신입사원 채용난이 오겠지만, 이 시설들이 리크루트에 유용하게 쓰여지기를 기대하고 있다.

기술 개발과 원가 절감

50여 년 전, 아버지는 "그 시대에 대응할 수 있는 금형 기술을 습득하면 언제까지나 회사는 존속할 수 있다."라고 말씀하셨다. 쇼와 40년대에는 밤 9시까지의 잔업이 당연한 시대였다. 일을 마친 후 군고구마를 먹고 식혜를 마시면서 금형 제작을 자랑하거나 신규 부품의 금형공정 설계를 밤늦게까지 논의하는 일이 많았는데, 이것이 우리 기술 개발의 시작이었다.

경영의 측면만 생각하여 손쉬운 간단한 금형을 선별해 수주했지만, 이래서는 기술은 향상되지 않는다고 반성했다. 그래서 아버지가 말씀하신 시대에 대응할 수 있는 기술을 생각해 냈고,

난이도가 높은 금형에도 도전하기로 했다. 이 과정에서 당연히 수정이나 반품이 증가하여 채산성면에서 괴로운 일이 많았고, 때로는 납기일이 크게 지연되어 고객에게 폐를 끼치는 일도 있었다.

▲ 2018년 가을에 준공한 복리후생동(황금장)

지금부터 20여년 전만 해도 형상이 복잡하고 정밀한 부품을 생산할 수 있는 금형을 제공하면 고객들이 크게 고마워했다. 그러나 현재는 수많은 금형 메이커의 기술 수준이 향상되었기 때문에 그렇게 높은 평가를 받지 못한다. 항상 고객으로부터 높은 평가를 받으려면 원가 개선, 즉 코스트가 싸지는 금형이나 프레스 부품을 제안할 수 있는 공급자가 되어야 한다. 나는 이것을 실행할 수 있는 요소 기술을 쌓아 올리는 것에 시간과 기술 개발 자금을 투입하는 쪽으로 사업의 방향을 바꾸었다.

프레스 기계로 부품 가공을 하는 시간은 1초 내외이지만, 이것을 절삭하고 주물, 다이캐스트 등으로 제작하면 수십 초 이상 걸린다. 프레스 가공은 극히 염가로 부품을 제작할 수 있다. 프레스 가공으로 변경하려면 수많은 요소 기술의 개발이 필요하다. 예를 들어 6mm의 판 두께에 프레스로 구멍을 내려면 직경이 3mm 이상이어야 펀치가 부러지지 않는다는 것은 과거의 상식이었다. 따라서 드릴 가공은 되지만, 드릴 가공으로는 한 구멍을 뚫는 데 10초 정도 걸린다. 이것을 당사는 지름 1.2mm의 가는 구멍까지 금형으로 뚫는 기술을 개발하면서 경쟁력을 크게 향상시켰다. 월 생산 수량이 많은 부품을 금형으로 가공하면 1개당 5~10엔의 코스트가 절감되어 고객에게 고액의 이익을 가져다 준다. 또한 재료의 수율이나 경량화 등도 시야에 넣어 넓은 범위에서 코스트 절감을 제안하여 신규 수주로 이어지고 있다.

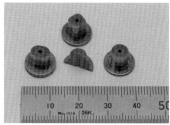

▲ 상식을 뛰어넘는 프레스에 의한 미세구멍 가공

제조업의 원가 절감 노력이 국가와 국민을 풍요롭게 한다

중소기업이라고 해도 회사를 경영하고 있는 내가 "정도가 좋은 제품을 싸게 만드는 것에 노력하고 있다."라고 말하면 위화감을 갖는 독자들도 많을 것이다. 실제로 많은 경제학자들은 "값싼 제조업에 미래는 없다. 독자적인 기술을 갈고 닦아서 비싸도 팔릴 수 있는 상품을 개발해서 경영해야 한다."고 주장하고 있다. 이것도 어떻게 보면 정답이지만, '업종에 따라 다르다'라고 해야 옳다. 스포츠용품이나 악기, 오디오, 목공도구, 카메라 등은 기호 조건으로 비싼 값에도 구입하는 유저가 많다. 당사는 지난해 20만 엔짜리 비싼 로봇강아지를 세 번 추첨하여 겨우 손에 넣었다. 하지만 이런 상품에 장기적으로 안정적인 매출과 이익을 기대할 수 있을까?

한 대에 3,000만 엔이 넘는 페라리는 1년 이상을 기다려서 구입하는 팬이 전 세계에 있다. 이토록 매력적인 차를 전 차종에 걸쳐 불과 연간 6,000여 대만 생산하기 때문에 희소가치가 있어서 보상 가격을 비싸게 책정하여 고객들에게 기여하고 있다. 정말 죄송스러운 비즈니스를 하고 있는 것이다. 또한 성능과 디자인으로 전 세계 팬들의 마음을 사로잡았지만, 이 회사가 국가와 고용, 거래업체들에게 얼마나 기여했는지를 고려하면 이야기가 달라진다. 페라리사는 훌륭한 기업이지만, 생산량으로 세계 정상을 달리는 일본의 T사와 비교해 보자. T사의 경우 생산량으로는 1,500배, 이익은 25배 정도의 숫자가 나오지만, 숫자이상으로 폭넓은 많은 분야에 매우 큰 공헌을 하고 있다. T사는 국가에 거액의 납세를 하고 있지만, 그 이상으로 높게 평가해야할 것은 외화를 많이 번다는 점이다.

현재는 저유가 때문에 일본은 무역 흑자를 보이고 있지만, 만약 자동차 메이커의 수출이 정체되면 대폭적인 무역적자국이된다. 일본이 오랜 기간 재정 적자가 지속되어 쌍둥이 적자가되면 국가 신뢰도가 떨어져서 필요한 연료와 원자재, 식량을 안정적으로 수입할 수 없게 된다. 자원이 부족한 우리나라에서는이처럼 수많은 대형 수출 제조업체에 대해 거국적으로 고마워해도 지나치지 않다. T사의 제품을 직·간접으로 납품하는 거래

선진 국가로서 제조업의 역할

처는 1만 개가 넘을 것이다. 또한 이들 기업에서 일자리를 얻고 있는 국민의 수는 놀라울 정도로 많다. T사의 이익은 페라리 이익의 25배라고 했지만, 모든 거래처의 총 이익은 그 몇 배일 것이다.

그림의 떡이었던 최초의 국산차

1955년에 발매된 T사의 '크라운'을 전 국민이 주목했다. 전쟁으로 불바다가 된 일본에서 T사가 전후 불과 10여 년 만에 승용차를 만들었지만, 그 실적은 세계에서 유례가 없었다. 평균 급여가 1만 엔 시대에 100만 엔으로 발매된 크라운은 서민에게는 손을 댈 수 없이 비싼 차였다. 1,500cc의 엔진 파워는 현재의 절반 이하였고, 4인승으로 스즈카고개를 탑기어로 오르는 것도 어려웠다. ABS뿐만 아니라 안전벨트와 에어컨, 디스크브레이크 등도 없었고, 기어 체인지는 수동식이었다. 당시 사양의 차를 현재 기술력으로 생산한다면 80만 엔 정도로 가능할 것이다. 왜냐하면 자동차 메이커와 많은 부품 공급업체들의 우수한 설계 능력과 원가 절감 노력으로 제조 원가를 낮추었기 때문이다.

크라운이 판매된지 60여 년이 경과한 지금, 급여는 40배 이상이 되었다. 신입사원이 입사하여 5개월 정도의 월급으로 차를 살 수 있게 된 것은 자동차 메이커와 부품을 생산하는 부품 제조업체, 공작기계 메이커, 재료 메이커 등의 꾸준한 원가 절감 노력의 덕분이라고 할 수 있다. 여름이 오기 전에 리모컨이 달린 선풍기를 구입했는데, 천몇백 엔이었다. 중국제품이었는데 거기에서도 원가 절감이 진행되고 있다고 생각된다. 이발, 마사지 등 서비스업계에서는 임금 상승에 비례해 요금이 오른다. 이런 산업만으로는 국민이 몇 년이 지나도 더 나은 생활을 할 수 없다. 제조업에서의 끊임없는 비용 절감 활동이 국민을 더욱 풍요롭게 하고, 이미 선진국이 된 한국과 일본에서 외화를 벌 수 있는 것이다.

변화하는 고객의 기술 요구 수준

당사는 난이도가 높은 부품의 금형을 제작해 왔지만, 과거에는 고객들에게 많은 감사의 인사를 받았다. 그러나 현재는 동업자들의 기술력이 향상되어 감사를 받을 일이 없어졌다. 최근에 고객으로부터 높은 평가를 받게 된 것은 '원가 절감을 할 수 있는 기술' 때문이다. 이번에는 실제 사례를 소개하겠다.

▲ 금형 설계자의 공법전환 검토 모습

사례 1 견적 의뢰를 받았을 때 당사의 금형 설계자가 과거의
실적에서 부품도를 변경하여 재료의 수율을 좋게 하
고 금형을 싸게 하자, 동시에 금형의 수명이 길어졌
고 품질 관리가 쉬워졌다.

사례 2 복수의 부품 가공이 가능한 금형으로, 재료의 수율과
가공비의 절감을 도모했다.

사례 3 도면을 대폭적으로 변경하여 절삭 가공을 하던 부품
을 프레스 가공으로 변경했다. 이 과정을 통해 대폭
적으로 원가 절감을 기대할 수 있다.

사례 4 1초라는 짧은 프레스가공 시간 안에 다수의 나사를
동시에 가공했다.

사례 5	정밀 전단 기술로 프레스 가공 후 절삭 공정을 없앴다.
사례 6	월 생산대수가 많은 부품은 프레스 기계를 전용화하고 무인가공(금형 교체 없음)을 도모했다.

과거 12년간 당사에 의해 원가 절감이 가능한 모든 사례의 효과 금액은 현재는 무려 월 2,000만 엔이 넘는다. 전국에 수십 만 개가 있는 부품 공급업체의 원가 절감 노력이 축적되어 수출 경쟁력이 있는 국가로서 향후에도 지속적으로 성장할 수 있을 것이다.

목욕탕에서 배운 비용 절감

종전의 1945년 12월, 선친인 이토 세이이치는 작은 자본금으로 회사를 설립했다. 전후 부흥의 물결을 타기 위해 많은 기업들이 우후죽순 생겨났을 때였다. 늘 인재난으로 고생하던 아버지는 직원들을 가족 이상으로 아끼고 배려하는 일상의 연속이었다. 어망기계의 배형(셔틀)은 틈새상품이지만, 이토제작소는 당시 이 부품의 세계시장을 독점하고 있었다. 장인 기술자들은 매일 땀을 흘리며 지친 몸을 달래기 위해 목욕을 하고 귀가했다. 아버지는 "너희는 장인 기술자들이 일해 주니 학교에 갈 수 있고

밥도 먹을 수 있다. 그러니 항상 장인 기술자들에게 감사하라!"고 말씀하셨다. 그리고 나는 600L짜리 큰 목욕물을 데우는 당번을 맡아 초등학교 3학년부터 7년간 이 일을 하게 되었다.

그 무렵 어린이였던 내가 봐도 도저히 회사에 이익이 날 것 같지 않았다. 그래서 회사 씀씀이를 돕는 차원에서 마키를 대신할 연료를 구했고, 불탄 자리에서 목재를 모으거나 근처 미타키강의 다리 위에 걸리는 대나무와 유목을 리어카로 모았는데, 이 일은 나에게 매우 중요한 일과가 되었다. 한창 놀던 시절이던 나는 동네 친구들과 깡통차기나 술래잡기를 하며 목욕솥을 지켜보는 나날을 보내야 했다. 그러나 가는 유목으로는 15분도 안 되어 모두 타버려서 20분이 넘으면 다시 불을 붙여야 했다. 초등학교 4학년이 되었을 무렵, 아버지는 장작을 사 주셨기 때문에 연소 시간이 길어져서 깡통차기 등의 놀이에 집중할 수 있어서 매우 기뻤다. 1년 뒤에는 오래된 부뚜막을 새로 교체하면서 연료는 석탄이 되었다. 이렇게 연료가 바뀌면서 놀이에 집중할 수 있는 시간이 점점 늘었다. 석탄이라면 1시간 가까이 불씨가 남아 있기 때문이다.

5학년 어느 날 술래잡기놀이를 하면서 술래로부터 도망칠 때 회사 담벼락 밑에 숨었다. 얼핏 보니 굴뚝에서 1.5m 정도의 불

제3장 반짝반짝 빛나는 자랑할 만한 회사가 되려고 노력해 온 것

기둥이 올라왔는데, 난 그때 어린아이였지만 이것이 너무 아깝다고 생각했다. 그래서 다음 날, 눈금이 있는 저울로 석탄 무게를 쟀다. 불기둥이 솟은 상태에서 목욕물을 끓이는 데 15눈금째(9.3kg)의 석탄이 필요했다. 다음 날에는 그 옆에 붙어 앉아서 가마에 불을 붙일 정도의 화력으로 조금씩 석탄을 추가해 재를 깨끗이 청소하는 방식을 시도해 보았더니 무려 절반 정도의 석탄으로 목욕물을 끓일 수 있었다. 이러한 체험이 현재 당사에서 진행하고 있는 QC 서클이나 개선 활동뿐만 아니라 원가 절감에 큰 도움이 되었다.

▲ 7년간 목욕물을 끓이는 것을 함께 지켜봐준 고로

선진 국가로서 제조업의 역할

시대에 따라 변화하는 이익과 설비 가동률의 관계

일본 공작기계 제조업체의 기술력과 기종의 다양함, 그리고 사용의 편리함은 전 세계적으로도 월등하다. 해마다 정밀도가 향상되고 가공 속도가 빨라져서 사용하기 쉬워지는 기계를 금형 제작에 투입하고 있다. 하지만 설비 투자를 게을리하면 국내외의 경쟁사에게 금방 뒤떨어지게 된다. 그래서 구식이 된 기계라도 해외 거점에서 의뢰가 오면 현지 자회사로 보내고 본사에는 최신 설비를 도입하고 있다. 이렇게 해서 지난 10년간 해외 자회사로 보낸 프레스 기계만 40여 대나 된다. 금형 제작용 설비와 프레스 기계에 대한 투자는 연간 이익의 50% 정도를 목표로 하고 있다. 당사에는 '금형 제작' 부문과 '부품 생산' 부문이 있는데, 일반적으로 프레스 기계의 경우 준비 시간을 단축하고 설비의 가동률을 올리는 것이 이익 창출을 위해 중요하다고 말해왔다. 그러나 나는 이 방식에 이전부터 의문을 가지고 있었다.

금형 교체의 디메리트

내가 입사한 1965년 무렵에는 초봉이 12,000엔이었다. 그로부터 50여 년이 지난 지금에는 급여가 35배 정도 올랐지만, 프레스 기계의 가격은 서너 배 정도 오른 것에 불과하다. 50년 전과 비교해 인건비와 기계 상각비의 균형이 크게 달라졌다는 점에 착안했다.

기계 가동률을 높이려면 금형을 자주 교체하고 시간 단축에 중점을 두어야 한다는 생각이 주류이다. 그러나 이렇게 하려면 많은 베테랑 기술자가 필요하다. 또한 금형 교체를 하는 시간은 10여 분이지만, 교체로 인한 초품 검사에 3차원 측정기 등으로 측정하는 시간은 훨씬 길다. 특히 난이도가 높은 부품은 초품에 대한 정밀 검사 담당자의 부담이 매우 크다. 또한 금형 교체를 하면서 스펙아웃 제품이 발생하여 미세한 치수의 금형 조정에는 수십 시간 걸리는 일도 드물지 않았다. 그래서 당사는 부품 제조 부문에서 안정적인 수주를 할 수 있게 된 2003년부터 월 생산량이 많은 부품(15만 개 이상)은 금형 교체를 하지 않는 방법을 도입하기로 했다. 그리고 신규 수주가 없을 때에도 연간 5대 정도의 프레스 기계를 도입하여 14년간 3개 공장을 새로 건설했다.

프레스 기계에 금형 붙박이 효과는 막대하다

이전에는 난이도가 높은 금형을 교체할 경우 치수가 미세하게 변화되었지만, 계속 켜 둔 상태로 이전과 똑같은 품질을 유지할 수 있어서 금형의 조정 시간이 격감하였다. 고도의 품질 요구가 있는 부품을 안정적으로 생산하면서 연간 불량률이 크게 낮아져서 고객으로부터 품질면에서 높은 평가를 받게 된 것은 이 무렵부터였다. 또한 당초에는 기계 1대당이 아니라 1인당 생산성을 높이는 것이 목적이었지만, 부수 효과도 많아졌다.

일정한 수량을 생산하면 금형을 유지·보수해야 하는데, 이유는 모르지만 수리 간격이 2배 이상으로 늘어났다. 그리고 10년간 생산액이 2배로 늘었지만, 연간 유지·보수 시간은 이전과 시간이 비슷했고, 부품제조부 직원도 2명을 증원하는 데 그쳤다. 그 결과, 월 15만 개 정도이면 10여 일 만에 가공할 수 있었다. 한 달에 2주도 가동하지 않는 기계를 볼 때마다 아깝다는 생각을 몇 번이나 했지만, 이 정도의 가동률이라면 프레스 기계는 50년 이상 사용할 수 있기 때문에 전혀 아깝지 않다고 생각하게 되었다. 지금은 금형 교체를 하지 않는 프레스 기계는 65대가 되었다. 전용 프레스 기계를 가진 65개의 부품은 전체 부품의 6% 정도인데, 그것이 매출액의 80%를 차지한다. 덧붙여서 매출의 20%에 해당하는 나머지 소량 부품에 대해서는 종래대로 금형 교체를 하고 있다.

인건비와 기계 상각비

현재 월간 3억 5,000만 엔 안팎의 부품을 생산하고 있지만, 프레스 기계 운영자와 유지 보수 요원의 합계는 25명에 불과하다. 동종업계 타사와 비교하면 3분의 1 정도의 사원으로 생산하는 체제이다. 가령 70명의 사원 수와 비교하면 연간 2억 엔 이상 인건비가 적게 들지만, 인건비와 기계 상각비를 비교하면 분명히 인건비가 비싸다. 게다가 매년 5대 정도 상각이 끝난 프레스 기계가 증가하기 때문에 그만큼 한층 더 이익이 증가하는 것이다.

이미 70여 대의 프레스 기계의 경리상의 상각 기간은 끝났다. 25년 전 프레스 기계는 25대였지만, 현재는 100여 대가 되었다. 그러나 상각비는 당시와 거의 같은 금액이다. 상각비는 공장 운영 비용이지만, 기계의 가치는 그만큼 회사에 축적되는 것이다. 0엔이 된 기계가 증가하는 만큼 장래의 가격 경쟁력은 확실히 강해진다. 저출산이 계속되어 장래에 인재난이 예상되기 때문에, 소규모 인원 생산 시스템을 한층 더 강화하고 싶다.

한편 당사의 해외 사업소의 평균 급여는 6만 엔 정도이다. 인건비가 싼 나라에서는 프레스 기계 1대당 3명의 근로자를 붙여 주고 금형을 자주 교체해 주간과 야간에 풀가동함으로써 큰 이익을 낸다. 물론 고가의 합리화 설비 도입에 있어서는 그 나라

▲ 금형 붙박이 프레스 생산 라인(제1공장)

▲ 8년간 네 번째 공장인 제5공장

의 인건비를 고려해서 기획해야 할 것이다. 현재 당사의 프레스 기계 가동률은 40%가 채 안 되지만, 궁극적으로 이상적인 목표 는 수주 아이템이 300개 부품이라면 300대의 프레스 기계를 도 입하는 것이다. 이 경우 월간 4억 엔을 생산하려면 넉넉히 잡아

제3장 반짝반짝 빛나는 자랑할 만한 회사가 되려고 노력해 온 것

도 10명의 직원이면 충분하다. 장래 이것이 선진국에서의 생산 수단의 주류가 될 것이다.

스크랩 컨베이어와 자동 박스 변환기로 합리화하기

당사는 프레스 부품 가공 부문의 매출액은 93%, 금형은 7%를 차지하고 있고, 프레스 부문에서는 월간 1,200톤이 넘는 다양한 재료를 사용하고 있다. 다시 말해서 매달 600t의 스크랩이 발생하는 것이다. 이 스크랩을 프레스 기계에서 제거하려면 매일 두세 명의 작업자가 필요하다. 15년 전 두 번째 프레스 공장과 세 번째 공장에는 스크랩 컨베이어를 도입했다.

재료의 종류가 다른 스크랩이 혼입되면 업체에 시세대로 판매가 어렵기 때문에 두 곳의 공장에는 철판 부품만 집중 배치했다. 바닥에 홈을 파서 컨베이어를 이용해 공장 외부의 덤프트럭으로 직접 배출되기 때문에 몇 명의 작업자가 필요 없어졌다. 또한 스크랩을 배출할 때마다 기계를 세울 필요가 없어지면서 설비 가동률도 높아졌다. 장치의 상각비는 자동화로 충분히 커버할 수 있지만, 사원에게 단순 작업을 시키지 않는 것이 훨씬 효과가 있었다. 소중한 직원들에게 이런 종류의 작업을 몇 년 동안 시켜도 기술이 되지 않기 때문이다.

프레스 기계로 생산되는 부품을 200개, 300개로 입력하면 상자에 지정한 수량이 생산 완료된 시점에서 프레스 기계를 자동 정지시키는 장치가 있다. 이것으로 출하 전에 수량을 카운트하는 시간이 절약된다. 금형 교체를 하지 않는 기계는 65대라고 말했지만, 이 라인에는 신입사원이나 여성 작업자가 맡고 있다. 한 사람이 두세 대의 프레스기를 담당하므로 프레스 기계가 정지할 때마다 새로운 박스를 교체해야 하기 때문에 그 시간은 생산이 중단되었다. 그래서 4년이 걸려 금형 교체가 없는 모든 프레스 기계에는 자동 박스 교체기를 설치했다. 이로 인해 가동률이 오르면서 동시에 기계의 조작 시간이 감소했기 때문에 충분히 검사할 수 있게 되어 공정 내 불량률이 급감했다.

양육과 예의범절

선진국형 경제가 계속되면 반드시 성장이 둔해진다. 일본에서는 저출산이 멈추지 않는 상황에서 경제가 축소되는 것은 피할 수 없는 상황이다. 당국은 미래의 인구 구성을 매년 예측하고 있지만, 비관적인 예측이 많다. 노동 인구가 극단적으로 감소하면서 대규모 국내 공공 인프라(상·하수도, 전기통신, 고속도로, 관개 교량 등) 개수공사에 대한 충분한 예산 책정은 불가능하다. 또한 연금의 대폭 감소도 각오해야 한다. 미래의 인접국 상황을 감안하여 안전 보장에도 큰 예산이 필요할 것이다. 자원이 없는 일본이 미래의 난제를 극복하려면 경제를 강하게 만드는 방법뿐이다.

아세안 국가들은 현재 매년 5~7%씩 성장하고 있다. 이들 국가들과 어떤 형태로든 관련됨으로써 일본 경제를 성장시킬 수 있지 않을까? 또는 많은 문제가 발생하겠지만, 해외로부터의 이민 수용을 검토해야 할 시기일 수도 있다. 적어도 규칙은 지키면서 일본에서 쉽게 근로활동을 할 수 있는 체제를 취하는 것을 진지하게 검토할 시기가 되었다.

당사는 큰 이유 없이 25여 년 전부터 해외에 진출했다. 법률과 언어, 환경이 전혀 다른 외지에서 처음에는 손으로 더듬어가면서 가시밭길을 헤매며 고생을 많이 했다. 결과적으로 현재는 2개국에 진출하여 수많은 고객을 얻었고, 현지에 기술과 자산을 축적했으며, 진출국에도 크게 공헌했다. 해외 자회사의 성장이 결과석으로 일본 본사를 매우 강인한 회사로 만들었는데, 다음 장에서는 이러한 해외 활동에 대해 말하고 싶다.

제4장

필리핀 진출이
성장궤도를
확실히 하다

　나는 젊은 시절부터 해외에 관심을 가졌지만, 본격적으로 해외 진출을 생각한 것은 1990년부터였다. 1985년 플라자 합의로 단숨에 엔고가 되어 널뛰노 원신겠을 때 기계 부품업케이 부품 조달가격이 급등했다. 이에 따라 고객의 해외 진출이 가속화되어 향후 국내에서만으로 사업이 어려워질 것으로 예상했다. 반면 해외 진출은 언어, 문화, 종교, 식사, 기후 등의 차이가 컸지만, 불안보다는 기대로 가슴이 부풀었다.

태국 진출은 경제정세의 변화로 단념하다

　그 무렵 방콕 시내에 있는 어망기계 부문의 고객인 타이나일론(니치멘과 유니치카의 합작회사)에 어망기계 부품의 영업 활동때문에 출장을 몇 번 갔었다. 1992년 현지의 수많은 어망업체 중 유일하게 일본계 기업이었던 타이나일론 츠다 가즈오 부사장이 "태국의 임금이 상승하고 있다. 미얀마, 라오스 등 임금이 싼 나라에서 어망을 생산하면 가격 경쟁력으로 맞설 수 없으므로 당장 하이테크 분야 사업을 추진하겠다."고 말했는데, 이 이야기를 듣고 당사의 금형 사업 진출 의사를 전했더니 다음 날 예상외로 좋은 조건을 제시했다. '2,000평 땅은 이익이 날 때까지 땅값은 필요 없고 통역은 20년째 근무하고 있는 기술자가 있다. 당분간 경리와 은행 관계, 인사 업무 등은 타이나일론측이 한

▲ 타이나일론 공장

다. 주재자 숙소는 부지 내에 있고, 자본금과 지분은 당사에 맡긴다.'는 내용이었다. 신뢰할 수 있는 일본의 상장기업이 좋은 조건으로 진출을 권유하므로 이 기회를 놓치면 영원히 기회는 없을 것 같아 매우 감격스러웠다. 귀국한 후 간부들에게 상담했더니 이들은 해외 사정은 모르니 사장이 결론을 내려달라고 답하는 것이었다.

주재원의 선정과 설비 투자 등 신중하게 준비를 진행하다가 다음 해인 1993년에 당사의 복안을 갖고 타이나일론과 미팅을 하기 위해 나는 방콕으로 향했다. 그런데 검토 기간인 10개월 동안 태국의 경제 사정은 크게 변화하고 있었다. 일본 기업의 진출이 가속화되면서 방콕 시내의 타이나일론 부지에 제조업이 들어설 수 없게 된 것이다. 동북부에 있는 아유타야 공업단지를 후보지로서 시찰했지만, 나중에 태국에는 금세기 최대라는 호우가 덮쳐서 혼다 등이 큰 피해를 본 입지였다. 만약 당사가 이 공단에 진출했더라면 큰일 났을 것이다. 게다가 최근 현지에서는 우수한 젊은이들의 채용도 어려워졌다고 한다. 중소기업에도 양질의 직원을 채용할 수 있다는 점이 해외 진출의 매력이라고 생각했던 만큼 기가 꺾였다. 결국 태국 진출은 포기하고 같은 어망기계 부품 고객이 있는 필리핀 마닐라로 향했다.

제4장 필리핀 진출이 성장궤도를 확실히 하다

합작회사에서 독립 투자로 전환하기

해외 진출이 쉽지 않다는 것은 알았지만, 여러 가지 사정 때문에 태국이 안 되면 필리핀에서라도 할 정도로 '지금 하지 않으면 안 된다.'는 의지는 확고했다. 당사의 진출국이 중국이 아닌 것에 대해 왜 그렇게 시장이 작은 나라에 가느냐는 질문을 많이 받았다. 중소기업은 연간 10억 엔 정도의 매출이 있으면 충분히 살아갈 수 있지만, 나는 매출보다 사원 교육과 기술 이전이 훨씬 중요하다고 생각했다. 결과적으로 필리핀 기술자들은 일본 본사나 인도네시아에 주재하면서 금형 제작이나 설계 도면의 지원 등 현재는 없어서는 안 될 소중한 자회사로 성장했다.

제조 기술이나 경영 노하우가 무엇인지를 모르는 닛케이신문이나 NHK까지 '중국에 가지 않는 기업은 기업이 아니다.'라고 말하던 시절이었다. 시장 점유율을 올리지 않으면 안 되는 자동차 메이커나 가전 메이커라면 모를까, 장기간 기술 지도가 필요한 금형 메이커 등은 우방국에 진출해야 자연스럽게 기술을 이전할 수 있다고 생각했다. 당시 투자처로 가장 주목받던 중국을 후보지에서 제외한 이유는 어망기계 거래 경험으로 중국의 나쁜 거래 관습과 세법, 국가 이념의 차이를 잘 알고 있었기 때문이었다. 그중에서도 오랫동안 해외에 주재했던 대기업 상사 주재원으로부터 얻은 중국에 대한 정보는 진실되고 설득력 있는 것들이었다. 25년 전부터 나는 지인의 중국 진출 계획을 반대해 왔다. 기업은 장기간 존속해야 가치가 있다.

고이즈미 전 총리의 야스쿠니 신사 참배 등으로 반일감정이 고조되면서 중국에 진출한 일본 기업에 대해 강렬한 보복이 있었던 탓인지 주변 사람들은 점차 내 생각을 이해하기 시작했다. 2020년에 들어서면서 미일 양국 정부에서는 입을 맞춘 듯 중국에서 기업 철수를 장려하고 지원금까지 내놓는다는 이야기가 파다했다. 일본 정부는 30년 전에는 제조업의 중국 진출을 장려했다. 하지만 중국이 갑자기 부적정한 나라가 된 것은 아니고 기본적으로는 여전히 진출 부적격 국가였던 것이다. 그렇다면 어떻게 하면 적격 국가가 되는 것일까? 그것은 중국의 주석이나 의원이 선거로 선출되는 나라가 되고 나서라고 단언할 수 있다.

태국을 포기하고 필리핀으로 가다

태국에서 필리핀으로 진출 방향을 바꾸었는데, 그 무렵 마닐라에서 만난 인물은 헨돈 림 씨였다. 그는 마닐라대 공대를 졸업한 후 필리핀의 대형 어망회사에 취직했다. 그리고 1972년에 욧카이치의 어망기계 메이커에 6개월 간 주재원으로 일했는데, 어망기계 취급과 제망 기술 습득이 목적이었다. 그러나 외국인 연수생에 대한 이 회사의 대우가 좋지 않았다기보다 영어를 구사하는 직원이 없었기 때문에 나는 그를 집으로 초대해 스키야키와 마술, 관광안내 등으로 대접했다. 물론 나는 그에게서 영어를 배우려는 목적도 있었다. 그는 지금도 "스키야키만큼 맛있는 음식은 없다."고 말한다. 귀국 후 아내와 조카딸을 데리고 필리핀을 방문하는 등 가족 간의 교류가 계속 이어졌다.

일본계 기업이라면 모를까, 외국 기업과의 합작회사 설립에 여러 가지 어려움이 있는 것은 각오하고 있었다. 해외 진출은 독자 진출이 이상적이지만, 언어 문제나 현지의 상거래 관습, 은행이나 관청과의 관계는 일본 기업에게 매우 곤란한 업무이다. 거기서는 헨돈 림 씨에게 경리나 은행, 관청과의 대응을 부탁했다. 그런데 그는 신뢰할 수 있는 친구를 나에게 추천하고

▲ 이토포커스 개소식에서 인사를 하고 있는 나

▲ 필리핀 비치 리조트의 풍경

싶다고 했고, 그가 바로 스테한 시 씨였다. 그는 스탠포드대학교 경영학부를 졸업한 수재였고, 그런 시 씨를 믿고 필리핀에 1996년 합작회사 이토포커스를 설립했다. 그러나 타고난 상인 타입인 시 씨는 설비 투자와 사원 교육 등에서 접점을 찾기 어

제4장 필리핀 진출이 성장궤도를 확실히 하다

려웠기 때문에 합작회사는 설립 7년 만에 결국 해체하게 되었다. 그런데 일본계 자본 100%가 된 것에 가장 기뻐한 것은 의외로 필리핀 현지 직원들이었다.

우수한 현지인 직원들

1997년 가을, 필리핀 합작회사에 로즈 앤드리온이라는 여성이 면접을 보러 왔다. 그녀는 공인회계사 자격증을 가진 재능이 있는 여자였다. 면접을 본 로리타 시 씨는 합작 상대의 사장부인으로, 남편과 함께 스탠포드대학교를 졸업한 엘리트로, 중국계 필리핀인이었다. "이토상, 오늘 면접을 본 그녀는 매우 우수한 사람이다."라고 자신 있게 소개해 주었다. 이것으로 경리는 잘 해 내리라고 기대했다. 해외에서는 자신이 주어진 업무 이외는 하지 않는다고 들었지만, 로즈는 일본인 이상으로 광범위한 일에 몰두했다. 그 자세는 배울 점이 많았다. 후진국에서는 직원들의 비리가 다반사여서 항상 점검할 필요가 있었지만, 로즈는 부하의 비리에도 눈을 번뜩이고 있었다.

어느 날 운전수가 500페소(1,200엔) 정도의 쇼핑을 부탁했다.

그는 영수증에서 맨 앞에 1을 추가로 적어 1,500페소로 청구했으나, 구매직원이 판매점에 문의해 부정이 드러났다. 로즈는 곧바로 그를 불러 그 자리에서 해고했다. "그렇게까지 하지 않아도 된다."라고 주의를 주면, "이토상, 이렇게 하는 것이 억제력이 되는 것입니다."라고 단호했다. 외국인인 일본인 주재원이 이렇게 하면 문제가 되지만, 현지인 간부가 처리해 주는 것은 경영에 큰 도움이 되었다. 머리가 좋은 그녀는 경영에 관해 여러 가지 제안을 해 주었다. 나는 그녀의 제안을 가급적 받아들였지만, 때로는 "일본에서는 이렇게 하니까!"라고 타일러도 사고 방식을 부정할 때가 있었다. 로즈는 그때마다 늘 물고 늘어졌다. 그러나 이제는 일본식 경영 기법이나 이념이 좋다고 인정하면서 받아들이게 되었고, 현재는 일본인 이상으로 일본식으로 업무를 보고 있다.

그녀는 지금도 이토상이 자신과 현지 직원을 믿어주니 보람이 있다고 말한다. 입사한 지 7년이 지나자, 로즈의 뛰어난 능력이 외부업체에도 전해졌다. 여러 회사에서 당사의 급여 수준에 30% 정도 추가한 급여로 스카우트하겠다고 제의했다고 한다. 하지만 자신이 그만두면 부하들이 행복할 수 없고, 이토상은 실적이 오르면 반드시 그에 걸맞은 대우를 해 준다고 믿었으므로 스카우트 제의를 거절했다고 나중에 털어놓았다. 그런 로즈에 대해 현재는 충분한 대우를 하고 있다. 그 무렵 현지인 사원으로서 단 한 사람 로즈에게만 회사 주식을 사라고 권했다. 이것이 로즈에게 더욱 힘을 실어주었다.

한국과 일본의 기업은 인기가 많다

1996년 합작사로 조업을 시작한 이토 포커스는 휴면 회사가 되고 2003년에 단독 투자기업인 ISPC(Ito Seisakusho Philippines Corporation)로 라구나 주의 경제특구에서 재출발했다. 이후 합작 시대 때에는 엄두도 못 낼 정도로 강력한 회사로 성장해 오늘에 이르고 있다. 해외에서는 이직률이 높은 것이 최대의 고민이라고 하지만 당사와는 무관한데, 그 이유를 되돌아보고 싶다.

필리핀은 400여 년 동안 식민지로 외국에 지배를 당해 외국인에게 겁을 먹은 역사가 있다. 그들과 같은 눈높이에서 보고 본사와 마찬가지로 가족적인 분위기를 도입한 것이 매우 효과적이었다. 합작회사 시절에 내가 직원들에게 마술을 선보이자, 당시 시 사장은 이토상 그런 행동을 하면 직원들이 기어오르고

선진 국가로서 제조업의 역할

응석받이가 되므로 하지 말라고 말렸다. 나는 누가 그렇게 생각하겠느냐고 반문하면서 자주 옥신각신 다투었다.

경제특구에서 공장 건축이 결정되었을 때 마닐라의 직원들에게 멀지만 따라와 줄 수 있겠느냐고 물었더니 70%의 사원들이 거부했다. 서둘러서 40명의 사원들을 채용했지만, 바로 그 시기에 합작회사에서 일본 단독 출자회사로의 변경이 결정되었다. 이를 알리자마자 전 직원이 새로운 회사에 합류하고 싶다고 나섰다. 하지만 도저히 전원을 데려갈 수는 없기 때문에 총 90명 중에서 25명을 선발하고, 나머지는 라구나 주 현지에서 모집하게 되었다. 이것은 당사가 문 솧새 닌실니있네고 깽기히고 있다.

인격과 건강, 기술이 좋은 사람만 채용해서 더욱 분위기 좋은 기업으로 변모했다. 중소기업이라도 일본계 독자 기업은 필리핀에서 신뢰받고 있다. 이런 차원에서라도 중소기업의 진출처로 필리핀은 유력한 후보지로 추천하고 싶다. 중국에서 필리핀으로 이전한 기업들에게서 필리핀인은 중국인보다 못하다고 들었는데, 어떻게 보면 정답일 것이다. 그러나 당사는 선별 채용을 했고 사원들이 애사정신을 가지고 오랫동안 업무에 종사하고 있기 때문에 그들의 자질에 불만은 없다. 젓가락을 사용하는 한중일 3개국 국민은 전 세계적으로 우수한 것은 사실이다.

새로운 회사가 된 후 직원들의 생일에는 케이크와 프라이드 치킨을 가져오게 하고 "바쁘더라도 정시에 퇴근해서 가족과 즐겨라!"라고 전하고 있다. 이것이 일본이라면 고맙다는 말을 듣는 정도이지만, 현지에서는 "나의 즐거운 생일에 회사가 케이크를 주다니 정말 좋은 회사이다!"가 된다. 그 후에도 이러한 배려를 주재원들이 계속 해 주고 있다.

회사를 성장시키기 위한 큰 요소는 사원 차원에서 결정된다고 생각해 왔다. 새 회사가 된 지 4년째에 이익이 늘어남에 따라 결산하여 성과급을 지급하기로 했다. 경리 책임자가 "이토상,

▲ 매니저 시절의 로즈 앤드리온

전 사원이 우리 회사를 좋아하게 되어 이직 따위는 있을 수 없습니다. 장래 퇴직금이 큰일입니다."라고 즐거운 고민을 호소해 왔다. 나는 경리 책임자에게 퇴직금보다 퇴직자를 대신해 채용한 신입사원에 대한 교육비가 훨씬 더 많이 든다고 설명했다.

▲ 필리핀 사무소의 직원들

내 인생 최대의 위기, 카토 미유키 부사장의 급서

1996년에 필리핀 진출을 이룬 것은 이미 말했다. 주재원으로 근무하던 카토 부사장은 모든 업무를 소화할 수 있었던 인물이었기 때문에 빠른 시일 내에 해외 진출을 달성할 수 있었다. 나의 해외 사업에 큰 관심을 보여준 사람이 비록 카토 부사장이었다. 그는 어학 능력은 부족했지만 열정적이었고, 열성적인 교육이 성공해 현지에서 정밀금형을 만드는 데까지 1년이 채 걸리지 않았다.

조업을 시작한 지 7년이 지나 이익이 나는 것을 계기로 당시 공장에서 남쪽으로 50km 떨어진 라구나 주의 경제특구에 3,000㎡ 규모의 공장을 짓기로 했다. 그런데 건설업자에게 선금으로 3,000만 엔을 지불한 지 1주일 만에 카토 부사장이 급서한 것이다. 합작 상대측은 '뛰어난 기술력을 가진 카토가 없으면 이 회사를 계속 유지하는 것은 무리이다.'라고 판단했기 때문에 곧바로 자본금의 반환을 요구해 왔다. 영결식도 끝나지 않았는데, '필리핀 국적의 중국인은 역시 돈 때문에 힘들구나!'라는 생각이 들면서도 이제 그들과 작별할 수 있다며 안도했다. 건축비 선금을 내기 전에 카토 부사장이 서거했다면 필리핀에서 철수했을 것이다. 하지만 해외에서는 계약 사회이기 때문에 한 번 지불한 계약금은 동정해서 일부라도 환불하는 일은 있을 수 없기 때문에 공장 건축은 예정대로 진행하기로 했다.

다음 주재원을 누구로 할 것인지, 현지인 직원들은 정말 합류해 줄 것인지, 이전할 때의 트러블 등 고객들에게 불편을 주면 고객들과 멀어지는 것은 아닌지, 이 사업이 실패로 끝나 고객이나 본사 직원까지 귀찮게 만드는 것은 아닌지 등등 산적한 문제가 너무 많았다. 운전수 사미와 건축 현장을 견학하러 갔을 때 눈물이 하염없이 흘러서 앞날의 일뿐만 아니라 눈앞의 모든 것들이 희미하게 보였다.

내 인생에서 이런 위기는 처음이었고, 잠 못 이루는 날도 많아 체중이 5kg이나 빠졌다. 직후에 무츠타 전무와 함께 2개월 간 주재하면서 긴급한 불을 끈 후 카토 부사장의 후임으로 3년 전에 미국의 대학교를 졸업한 아들 류헤와 카와사키 영업과장과 와타나베 설계과장, 베테랑 기술자 다테마츠씨 등 4명을 지명했다. 이 과정에서 카토씨가 혼자서 얼마나 노력하고 고생했는지를 알았다. 일본인 없이 현지법인에 급히 주재한 이들의 고생은 이루 헤아릴 수 없었을 것이다. 하지만 돕는 신도 있게 마련이다. 약 7할 정도의 사원들이 이사를 거부했지만, 일본계 독자회사가 된 것을 알고 전원 남았다는 이야기는 앞에서 말했다. 사실 나의 외아들을 주재원으로 파견한 나의 진심 어린 마음이 현지 직원들의 마음을 움직인 것이다. 이후 오늘날까지 순조롭게 성장할 수 있었던 것은 이때 발탁한 직원들의 노고 때문이다.

생일을 축하해 주는 현지 사원들

필리핀에서는 국민 90%가 가톨릭 교인이고, 이들에게는 1년

중 가장 기쁜 행사가 크리스마스이다. 일본에서 취업하고 있는 많은 필리핀인들도 이 날은 본국으로 귀국한다. 새 회사로 이전한 이후 나는 15년째 매년 5~6명의 일본 본사의 직원들과 함께 크리스마스파티에 참석하고 있다. 이들에게 그 다음으로 즐거운 행사는 생일이다. 현지의 생일 축하 파티 비용은 모두 축하를 받는 사람이 지불하게 되어 있다. 그래서 이런 관습을 모르고 처음 주재한 사람은 매우 어리둥절해 한다.

일본계 독자회사가 된 이후 사원들의 근무 태도는 매우 밝았고 애사심을 갖고 근무하고 있었다. 서로 가족처럼 신뢰하며, 더욱 깊게 인정하려고 크리스마스파티의 핵심 내용으로 호화스러운 선물을 하기로 했다. 동시에 임시 보너스 지급 방침을 발표하자, 유리창이 깨질 정도의 큰 박수로 분위기는 후끈 달아올랐다. 필리핀에서는 13번째 급여라고 하는데, 크리스마스 전에 한 달치 급여를 상여금으로 주도록 법으로 정해져 있다. 우리 회사는 여기에 더해 이익의 10%를 더 지급하므로 이렇게 분위기가 좋은 것이다.

신규 수주가 증가할 때마다 해당 부서에 직원을 채용하는 것이 필리핀의 방식이다. 내가 다른 부서에서 감산되었으니 거기에서 작업자를 빼서 전환 배치하라고 몇 번이나 전했지만, 인사

▲ 필리핀 사업소의 생일 축하 모습

▲ 인도네시아 사업소에서도 분위기가 고조된 모습

부는 응하지 않았다. 그러나 결산 상여금이 나오고 인원이 증가하면 1인당 상여액의 배분이 줄어들므로 가급적 적은 인원으로 작업을 하도록 했다. 회사 견학을 오는 여러분들에게서, "아시아의 공장치고는 사원 수가 적네요."라는 말을 자주 듣는데, 그 이유는 결산 상여에 있다. 이것은 오랫동안 사원들에게 교육하고 있는, '1인당 부가가치 향상'을 이해시킨 결과이다.

크리스마스파티의 메인 이벤트는 부서 단위로 5~6조의 팀을 편성해 춤을 추는 것인데, 2개월 전부터 업무 종료 후 연습한다. 의상은 엔화로 800엔 정도의 원단을 구입해 모두 함께 만들지만, 이것도 그들의 즐거움이라고 한다. 일본에서 합류한 직원이 심사원이 되어 순위를 결정하면서 단체상으로 상품권을 준비하고 있다. 우승한 팀의 기쁨은 표현할 수 없이 좋지만, 이들의 팀워크가 좋은 것이 직장에서의 효과적인 작업 태도로 직결되고 있다. 이런 것을 내가 필리핀 사람들을 좋게 평가하는 이유 중 하나이다.

나의 생일은 1942년 6월 4일이다. 2003년 단독 투자 기업이 되어서 나의 마닐라 출장은 연간 8~9회로 늘었지만, 과거 15년간 매년 6월 출장 때에는 반드시 나의 생일파티를 열어준다. 그리고 몇 년 전부터는 6월 4일에 정기적으로 출장 요청이 와서 업무보다 나의 생일파티를 우선시하게 되었다. 크리스마스라면 모를까, 나의 생일파티마다 댄스파티는 하지 않아도 좋다고 말했지만 올해도 열렸다.

급성장하는 해외 인재

20년 이상 된 일이지만 '해외에 진출하는 기업은 역적'이라고 일컬어졌던 적이 있었다. 국내 사업을 접고 해외로 나가면 이러한 지적이 맞을 수도 있다. 그러나 최근 해외에서 성공한 기업은 그 이익을 일본에 환원할 뿐만 아니라 지금까지 그 이상으로 일본의 사업도 확대해 이익을 올리고 있는 곳도 많다.

저출산의 영향으로 오늘날에는 소수의 젊은이들이 많은 노인을 돌보아야 한다는 이야기가 나오지만, 사실 다른 큰 문제가 있다. 구매력이 왕성한 젊은이의 감소도 국내 시장에 축소되는 것이다. 일본의 경제 규모가 해마다 1% 이상 축소되어도 이상한 것이 아니다. 강한 국가를 유지하는 의미에서도 저출산은 심각한 문제이다. 또한 일본의 기술력은 세계로부터 인정받고 있지만, 저출산에 의해 가까운 미래에 중소제조업체가 심각한 인재난을 당하면, 기술입국으로부터 멀어지게 된다.

근년에 해외 비즈니스가 큰 화제가 된 이유는 무엇일까? 생생한 정보를 얻기 위해 정기적으로 해외로 나가기로 했지만, 아시아 국가들의 경제는 매년 5~7%의 성장을 유지하고 있다. 일본의 시장만으로는 성장을 기대할 수 없다면, 이들 국가와 어떤 형태로든지 얽혀서 이익을 창출할 수 있다. 단, 언어와 기후, 종교, 음식과 관습 등 타국에서의 사업은 다양한 어려움이 따른다. 특히 외국어 능력이 열세인 일본에게는 해외 진출이 그렇게 간단하지만은 않다. 중소기업에서 주재원으로 나갈 수 있는 인재가 부족한 것도 사실이다. 해외 진출을 가능하게 하려면 장기간에 걸친 사원 교육이 필요하다. 외국어 능력뿐만 아니라 일반 상식, 근대사 등을 배워두면 의미 있는 해외에서의 활동이 가능해진다. 한국에서도 해외를 목표로 하는 기업이 급증하고 있다. 그들은 기술력이 일본과 어깨를 나란히 할 때까지 적극적으로 진출하고 계속 노력하고 있으므로 대단히 현명한 일이다.

당사의 필리핀 사업소에서는 이미 말한 것처럼 이직이 거의 없고 많은 기술자가 성장해 왔다. 이들 모두가 일본 본사에 주재하기를 원하고 있기 때문에 저출산으로 일본의 중소제조업체가 인력난이 발생해도 당사의 일본 본사는 인력난과는 무관할 수 있다. 어느 나라에서도 재난이나 위기는 발생하지만, 해외에 자회사를 설립함으로써 서로 약한 점을 커버할 수 있다는 것은 대단히 유익한 보험이 된다.

▲ 믿음직한 필리핀 사무소 사원들

▲ 학습숙련도가 높은 금형 조립 스태프

해외 사업소의 업적과 향후 진행 방향

필리핀에서의 사업이 시작되고 23년이 경과했다. 정부나 언론, 업계로부터 당사에 대해 해외 진출의 모범 사례로 소개되고 있지만, 회사의 규모나 매출액은 실제보다 많다고 생각된다. 나는 해외 진출의 좋은 점을 전하고 있지만, 한 번도 성공했다고는 표현하지 않았다. 일례로서 필리핀 사업소의 매출액은 10억 엔에 이르지 않는다. 그 시기에 시장이 큰 태국에 진출했으면 매출액이 20~30억 엔 정도는 되었을 수도 있다. 자동차 등의 시장 규모가 작은 필리핀에서 매출의 확대는 생각하지 않지만, 향후 필리핀의 우위성을 알고 있는 기업의 진출은 기대하고 있다.

이토제작소가 가진 3개국의 특징을 잘 살린다면 장차 안정적으로 경영할 수 있을 것으로 확신한다. 이토 본사에서는 기술 지원과 신입 주재원을 교육하고, 필리핀에서는 저렴한 금형을 제작하며, 일본 및 인도네시아 양국에 주재하면서 인적 지원을 맡고, 인도네시아에서는 정기적으로 큰 수주를 기대할 수 있어 상호공헌이 가능하다. 수주량이 급격하게 변동하거나 인력 채용난, 기술 이전 등을 잘 엮어서 장기적으로 안정적인 경영을 할 수 있다는 전망 등 해외 진출의 성공을 느낄 수 있는 시기가 온 것이다.

국적에 상관 없이 능력이 있는 사람을 리더로!

2003년 필리핀 합작회사를 취소하고 마닐라에서 남쪽으로 50km 떨어진 라구나 주 칼람바 시의 경제특구에 새 공장을 준공했다. 로즈 앤드리온이 첫 출근을 하는 날, 나는 현지에 도착해 있었다. 그러자 로즈는 전속 운전수가 운전한 차로 출근한 것이다. 차에서 내린 로즈에게 "필리핀이라는 나라는 부장이 오너의 허가를 받지 않고 운전수를 붙일 수 있느냐?"고 하면서 주의를 주자, 로즈는 갑자기 울음을 터뜨렸다. 거기서 사과하는가 했더니 "회사를 그만두겠습니다!"라고 대답했다. 신임시의 급서 때문에 급거 주재원으로 온 약관 33세의 카와사키 타케시는 당황했다. 로즈가 없으면 이 회사를 꾸려나갈 수 없다고 생각했겠지만, 나도 그렇게 생각했다.

6년간 믿고 가족처럼 믿어온 그녀의 이직은 없다고 판단한 후 내기에 나섰다. 젊은 카와사키가 그녀의 말대로 이직할 것을 걱정한 것이다. 다음 날 그녀는 "이토상, 어제는 죄송했습니다. 오늘은 내가 운전하여 출근했습니다."라고 보고하러 왔기 때문이다. 나는 "그런가? 잘 반성했다. 내가 지금부터 운전수를 붙여 줄 테니 오늘부터 당신은 운전하지 않아도 된다."고 전했다. 그

후 17년이 지났지만 그녀는 3개국의 당사 그룹 중에서 매우 우수한 관리직 사원이면서 경영 능력까지 몸에 겸비하게 되었다. 2017년 6월에는 그녀를 현지법인 사장으로 발탁했다. 배려심이나 겸허함 등 일본인과 다른 습관 때문에 다소 불안했지만 과감하게 사장직을 맡겼다.

일본인이 해야 할 일을 필리핀인들이 해내다

필리핀 이외의 국가에 진출할 생각은 하지 않았지만, 인도네시아 재벌인 아르마다가 맹렬히 권유해서 10개월 간의 고민 끝에 인도네시아에 합작회사를 설립하고 2014년에 조업을 시작했다. 일본 본사가 바빠 인도네시아에서의 교육은 금형 설계와 제작, 품질 관리까지 필리핀 기술자가 맡기로 했다. 인도네시아 젊은이들의 영어 실력이 예상보다 높아 기술 이전은 일본인이 교육하는 것 이상으로 빨리 진행되었다.

2016년도에는 필리핀의 로즈 사장이 두 차례 현지를 방문하고 1주일 만에 결산서를 작성했다. 필리핀과 인도네시아는 당연히 세법 등이 다르지만, 양국의 차이까지 조사해서 완성한 것이다. 일본인들은 이런 업무를 할 수 있는 로즈를 부러워했는데, 로즈를 사장으로 만든 이유가 바로 이것이었다. 100% 일본계 자본으로 현지인이 사장이 된 사례는 드물었지만, 어느 나라 사람이든지 잘하는 사람이 리더가 되는 것은 시대의 흐름이다. 다만 서로 인간으로서 절대적인 신뢰가 있어야 한다. 의외였던 것은 현지의 115명의 사원 모두가 로즈의 사장 취임을 기뻐한 것이다. 로즈는 이전보다 더욱 업무에 전념하고 있다. 일본 본사의 해외 주재원이 부족한 이유를 이미 밝혔지만, 이를 보완하고두 낡는 신뢰할 수 있는 현지 직원이 있다는 것은 매우 큰 행운이었다.

절친이자, 유능한 한국인을 부사장으로!

일본 본사는 2004년부터 과거에 없었던 적극적이고 지속적인 합리화 투자를 시작했다. 다행히 타이밍 좋게 설비에 걸맞는 큰 수주가 이 시기에 날아들었고, 8년 만에 매출액이 두 배로 늘어났다. 1인당 생산액이 급증한 10년 동안 정규직 사원의 증가는 3명에 불과했다. 나는 "이 얼마나 효율적인 경영이 실현

115

된 것인가?"라고 내심 미소 짓고 있었지만, 여기에 생각지도 못한 함정이 있었다. 이미 말했지만 회사의 핵심 역할을 해야 할 30대 사원이 크게 부족했던 것이다. 다시 말해서 차세대의 해외 주재원 후보가 될 만한 인재가 없었다. 해외 사업을 발전시키기 위해 전임자를 다시 파견하는 방법이 가장 무난했지만, 글로벌화된 젊은 인재의 양성이 절실히 필요했다. 그래서 30여년 전부터 친형제처럼 교류해 오던 한국인 금형 기술사 김재진 씨에게 필리핀 주재를 부탁했는데, 다행히 그는 흔쾌히 수락했다. 나는 그의 능력과 인간성을 신뢰하므로 본사의 젊은 일본인 직원들을 주재원으로 보내 김 부사장에게 교육을 받게 하고 있다.

원래는 1986년에 당사의 고객인 후지 제록스로부터 우수한 한국인 엔지니어에게 금형 설계 교육을 부탁한다는 의뢰를 받았다. 해외로 기술이 유실될 것을 걱정했지만, 고객에게 신세를 졌다는 의무감이 더 컸던 것이다. 김재진 씨는 1년간 체류하면서 정밀금형 설계와 일본어 능력까지 마스터할 정도로 수재였다. 귀국 후 일본어로 보내온 감사편지는 일본인 이상의 문장이었다. 인격도 좋아 30여년 동안 친동생처럼 아끼면서 사귀어왔다. 김씨는 귀국한 후 제록스로 돌아가서 금형 기술사 자격을 취득하고 총리 표창을 수상하며 초고속 승진을 하였다. 하지만 인건비의 상승으로 제록스는 개발 생산 거점을 한국에서 중국으로 이전하였다. 2017년 12월, 내가 오랜만에 방한했을 때 김 씨는 "이토상의 순송금형을 한국에서 판매하고 싶다."고 말했다. 나는 그런 것은 비즈니스가 되지 않으므로 마닐라에 갈 것을 제안하자 흔쾌히 수락했다. 이 판단을 필리핀에 전하니 "한국인? 무섭지 않나?" 등의 소리가 나왔다고 한다.

필리핀 사람들은 온화한 국민으로, 일본인을 닮았다. 한국 사람들은 군대식으로 무섭게 일을 시키고 어투가 강하다는 등의 이유 때문에 일반적으로 별로 좋아하지 않는다. 하지만 CEO(최고 경영 책임자)인 나에게 반대 같은 신 일이 없다 그들은 마지못해 받아들였다. 그가 주재한 지 열흘 뒤 현지 로즈에게서 "이토상! 김 부사장은 다정하고 관리 능력뿐만 아니라 금형 기술까지 속속들이 알고 있네요! 정말 뛰어난 인재입니다."라는 전화가 왔다. 김재진 씨는 출근한 지 불과 3개월만에 회사를 크게 좋은 방향으로 이끌었

▲ 필리핀 현지 법인 부사장 김재진 씨

▲ 필리핀 사업소 매니지먼트팀

다. 오랜 세월 동안 해 오던 불합리한 공정과 업무 방식을 개선하고, 복잡한 관리 자료를 핵심 성과지표 중심으로 간소화했다. 이만큼 시간을 투입하여 기록해도 나중에 도움이 되지 않을 것이며, 일본 본사가 이 기록을 모두 읽는다는 것은 불가능하다고 주장하면서 업적과 직접 연관된 업무 중심으로 간소화시켜서 현지인 간부사원들에게서 큰 호응을 받았다. 일본어, 영어 등의 어학 능력뿐만 아니라 고객이나 설계자들로부터 애로 기술에 대한 상담이나 기술 지도도 능숙하게 하고 있었다. 그래서 35년 전 일본에서 가르쳤던 금형 설계 기술이 마닐라에서 크게 도움을 받을 줄은 당시에는 아무도 예상하지 못했다.

20주년 기념식에서 있었던 일

2017년 8월, 필리핀 자회사 창립 20주년을 맞아 금형 수출 전용 공장 준공 및 창립 20주년 기념식을 가졌다. 식장에는 100여 명의 하객이 참석했고, 주빈은 필리핀 경제특구의 채리트 플라자 장관이었다. 경제특구에는 4,000개 업체가 소속되어 있으므로 그에게 기념식 참석을 요청하는 것은 상식적으로는 무리였다. 하지만 그해 1월, 아베 총리 일행과 정부 전용기를 타고 두테르테 대통령의 고향인 민다나오 섬을 방문해 환영파티에 참석했을 때 나는 플라자 장관과 명함을 교환했었다. 추측이지만 아베 총리와 동행할 정도이니 틀림없이 저명한 회사라고 생각했을 것이다.

대통령은 고향에서 친분이 있는 여군 장군 출신 플라자씨를 장관으로 발탁했다. 아베 총리를 수행하게 되었던 행운이 여기에서도 살아났다. 기념식장에서의 스피치는 영어를 잘하는 로즈 사장이라고 생각하고 있었지만, 현지에서는 CEO(최고 경영 책임자)가 해야 한다고 했다. 많은 사람들 앞에서 영어로 연설하는 것은 자신이 없었으나, 그날 결과적으로 채리트 플라자 장관에게 칭찬받았던 연설 내용의 일부를 다음과 같이 소개한다.

"20년 전보다 훨씬 오래 전부터 일본 기업의 해외 진출을 가속화해 왔다. 많은 기업은 시장이 큰 중국을 지향했고, 동시에 많은 사람들이 나의 필리핀 진출 계획에 의문을 가졌다. 하지만 나의 대답은 간단하다. 시장의 크기보다 교육 수준이 높은 나라가 우리 회사 같은 업종에는 중요하다. 필리핀 국민은 누구나 영어로 대화할 수 있고, 친근하다는 점이 매우 매력적이었다. 내가 예상한 대로 충성스럽고 많은 기술자가 육성되었지만, 그들은 거의 이직하지 않았다. 또한 6월부터 당사의 사장직은 현지인 로즈가 맡고 있다. 시장이 작아도 많은 기술자들이 모인 곳이므로 정밀금형의 수출 전용 공장을 건설했다. 그 공장을 보라."

마지막으로 아베 총리가 베트남에서 우리 회사의 필리핀 사업 성공을 소개하는 기자회견 비디오에 당사에서 영문 자막을 달자, 함성이 크게 터져 나왔다. 연설이 끝난 뒤 플라자 장관은 함박웃음을 지으며 다가와서 "이토상, 멋진 스피치였다. 당신처럼 필리핀을 좋게 생각해 주는 일본인은 처음 만났다. 앞으로 일본 기업에 투자를 부탁하러 일본에 갈 때는 스피치를 부탁하겠다!"고 말했다. 말투는 서툴러도 내용만 좋으면 되겠느냐고 대답하였으나, 나는 크게 자신감을 얻었다.

금형 수출 전용 공장이란?

회사를 설립한 지 20년이 경과했지만, 처음에 입사한 경리, 설계, 금형 제조, 품질 관리 등에 종사하는 주력 사원들은 거의 이직하지 않았다. 이렇게 베테랑 직원들이 회사에 채워지면서 고난이도의 금형을 어렵지 않게 제작할 수 있게 되었다. 태국과 인도네시아에서도 금형을 생산하는데, 현지인 기술자들은 회사를 옮겨다닌다고 들었다. 그렇다면 당사의 기술이나 가격 경쟁력은 우위에 있다고 판단했다. 실제로 당사가 수출한 금형의 정밀도와 가격에는 만족하고 있다고 고객에게서 듣고 있다.

필리핀에서 향후의 설비 투자는 양산용의 프레스 기계인가, 또는 금형 가공용 설비인가를 검토 중이다. 처음 거래하는 고객에게서 "필리핀에서 정밀금형이 정말 가능한가?"라고 자주 듣는다고 한다. 시장 규모가 작은 필리핀의 입지는 수출금형과 함께 인도네시아와 일본에서 소화할 수 없는 오버플로 금형의 생산과 일본과 인도네시아에 대한 기술 인력의 지원으로 결정되는데, 그들은 충분히 역할을 수행할 수 있을 것이다.

▲ 필리핀 사업소 창업 20주년 기념식전 (왼쪽부터 이토 실장, 나, 프라자 장관,
로즈 사장, 카와사키 임원, 이나가키 상무)

▲ 2017년에 완성한 금형 수출 전용 공장

필리핀은 정말 치안이 나쁜가?

필리핀이라고 하면 일본인의 80% 이상은 치안이 나쁜 나라라고 생각한다. 한 번도 방문한 적이 없는 나라의 사정을 정확히 모르면서 좋고 나쁨을 쉽게 단정하는 것은 옳지 않다. 일본은 섬나라이므로 누군가가 말한 것을 그대로 받아들여서 증거도 없이 쉽게 믿어버리는 국민성은 좋기도 하지만 나쁘기도 하다.

필리핀뿐만 아니라 가난한 나라는 선진국과 비교해 치안이 나쁜 것은 사실이다. 사흘째 아이에게 우유나 밥을 주지 못하는 부모가 부자처럼 보이는 사람에게 다가와 돈을 달라고 조르는 것은 개발도상국에서는 흔히 있는 일이다. 일본에서 주로 경제부 기자들이 발신하는 정보는 경제동향과 수출 실적, 환율, 투자 등을 다룬 정보가 주를 이룬다. 하지만 필리핀에서는 왜 그런지 이유를 알 수 없지만, 사회부에서 발신하는 사건이나 사고 소식이 너무 많기 때문인지도 모른다. 옛날에 마닐라에서 보험금 살인사건이 발생하여 열흘간 신문지상을 떠들썩하게 한 적이 있었다. 범인은 일본인이었음에도 지면에 크게 다뤄진 점과 무대가 마닐라였다는 이유로 일본인들에게 필리핀 치안이 나쁘다는 인상을 주었다.

우리 회사는 그동안 두 사람이 가족 동반으로 필리핀 현지의 사장으로 근무했지만, 10년 동안 가족 중 누구 하나 찜찜하거나 두려운 일을 당하지 않았다. 13년 전부터 매년 나고야의 중경대 학생들을 인턴십으로 받아들여서 안내하고 있지만, 지금까지 90여 명의 학생은 모두 필리핀을 너무 좋아하게 되었고, 귀국 후에도 친구들과 다시 찾는 학생들도 많다. 우리 회사 필리핀 사업소에는 일본의 단체 방문객을 연간 300명 내외로 받는데, 거의 모두 필리핀이 이렇게 좋은 나라였느냐고 하면서 귀국한다. 이토상은 필리핀에 진출했으니 필리핀이 좋은 나라라고 자주 말하지만, 그건 아니다. 5년 전에는 인도네시아에도 진출했지만, 필리핀과 비교가 안 될 정도로 심한 일이 많았다.

모든 사람들이 그렇지는 않지만, 수상한 장사를 하거나 매너가 없고 성품이 사나운 사람들은 필리핀 사람들로부터 상당히 미움을 받고 있다. 그런 사람들에게는 필리핀의 치안이 어떻게 비춰질지 모르지만, 국가 대 국가, 개인 대 개인의 평소 친분이 그 나라의 치안에도 큰 영향을 미치고 있다는 것은 분명하다. 아프리카의 탄자니아에서 5년간 살던 도쿄의 젊은이에게서 "평소 일본인들은 신뢰를 받고 있기 때문에 두려운 일을 당하거나 습격을 당한 적도 없었다."라고 들었는데, 그 말이 맞을 것이다.

선진 국가로서 제조업의 역할

주변국보다 절반도 안 되는 급여에
불평하지 않는 불가사의

2009년, 일본무역진흥기구의 의뢰로 해외 진출과 관련된 강연을 했다. 당시 인도네시아의 급여 수준은 필리핀의 70% 수준이었고, 친일국가라는 점과 잠재시장이 크다고 인도네시아를 추천했다. 그러나 8년 전보다 인도네시아의 급여는 해마다 큰 폭으로 상승했고, 현재는 필리핀과 역전되어 필리핀보다 30% 정도 높은 수준이다. 내가 궁금한 것은, 주변국의 급여가 그렇게 많이 오른 것을 알면서도 필리핀 사람들은 급여 인상 요구나 불만을 말하지 않는다는 것이다. 우리 회사만 그런 줄 알았는데, 그렇지도 않아 현지 직원들에게 이유를 물어볼 수도 없어서 계속 관찰하고 있는 중이다.

인도네시아에서는 관리들에게 뇌물을 많이 제공한다는 것을 모르는 사람이 없을 정도이다. 국민들의 불만을 억제하기 위해, 특히 일본 기업으로부터 높은 급여 인상을 이끌어내도록 정부가 응원하고 있는 것 같다. 그 이유를 말하면 어느 나라나 수도권이 가장 임금이 높고 지방으로 갈수록 낮다. 그러나 자카르타 시내보다 70km나 동쪽에 있는 일본계 자동차 메이커가 모여 있는 공업단지의 급여가 가장 높다. 이런 상황이 계속된다면 인도네시아는 공업국으로 발전할 수 없다. 합리화를 추진하고, 값싸고 품질 좋은 제품을 생산해 이익을 낸 후 급여를 올리는 게 전 세계 제조업의 상식일 것이다. 나는 가족적인 경영으로 노사 관계의 신뢰성 향상에 중점을 두었다. 나는 필리핀 주재자에게 현재까지 매출을 올리라고 지시한 적은 한 번도 없었다. 다만 다음과 같은 것들을 지시했다.

① 가급적 단순 작업은 수주하지 않도록 한다.
② 사원들의 기술력이 향상될 제품을 우선 수주한다.
③ 설비의 도입으로 증산할 수 있는 수주를 우선한다.
④ 빨리 일하는 것보다 배우는 것이 우선이다.

부품 조립 등의 업무가 많으면 아무래도 저임금 사원을 늘려야 한다. 하지만 그들에게서 터져나오는 불만은 곧 회사 전체에 퍼질 것이다. 금형 제작이나 자동 프레스에 의한 부품 가공에는 사원이 많이 필요 없다. 필리핀의 평균보다 조금 높은 급여(5~8%)를 지급할 수 있다. 금형 기술자에게는 급여를 더 올려야 한다고 생각했지만, 임금을 비교하는 동업자가 적고, 기술자들의 불만은 나오지 않는다. 중국이나 태국, 인도네시아의 금형 기술자와 비교하면 미안할 정도로 저임금인 셈이다. 일본은 금형 제작에서는 이익이 나지 않은 지 오래되었지만, 필리핀에서는 일본과 비교해 급여가 25% 정도로 저렴하지만 그에 비해 금형비를 싸게 하지 않아도 수주할 수 있기 때문이다. 매출액의 10% 이익이 나는 일은 드물지 않지만, 결산회의에 참석했을 때 이익이 많아서 좋았다고 하면서도 열심히 잘 했다고 말한 적은 없다.

일본보다 다소 저렴하게 수주한 것은 사실이지만, 1인당 부가가치는 일본 본사의 25% 정도이다. 그러나 이것을 일본 본사의 실적에 조금이라도 근접시킬 수 있도록 생산성을 올리면 더 좋은 실적을 낼 수 있다는 점에 매력을 느낀다. 사원들의 애사심은 정착되어 있고 기술자의 이직은 거의 없다. "이토상, 다음에 언제쯤 여기에 옵니까?"라고 들을 때 사랑스런 120명의 직원들의 회장으로 있는 것이 요즘에는 너무 행복하다.

일본 본사에 주재하는 필리핀 직원들

2013년부터 4명의 필리핀 사원을 2년간 교대로 받아들이게 된 것은 공업고등학교 졸업자를 계획대로 채용하기가 어려워 졌기 때문이다. 그들은 일본으로 가기 위한 지명을 받고 싶어 필리핀에서 열심히 일하고, 일본에서는 일본에 다시 오고 싶기 때문에 성실하게 일한다. 인도네시아 사업소의 직원들에게 이 소식이 전해지면서 우리도 일본에 주재하고 싶다고 희망했다. 2020년 6월부터 2명을 받아들이기로 했지만, 코로나 바이러스의 영향으로 잠시 연기되었다.

정규 취업비자를 받은 그들은 운 좋게도 일본 정부로부터 코로나 특별 지원금을 받았다고 들었다. 그들은 정말로 일본은 좋은 나라라고 생각했음에 틀림없다. 당사의 간부는 "2년마다 일본을 방문하는 다른 사원과 차이가 있으면 불공평하므로 귀국 시의 전별금으로 조정을 할까요?"라고 상담해 왔다. 나는 "정부로부터 받은 귀중한 지원금은 4명이 귀국할 때 현지 사원들에게 기부하도록 해야 한다."라고 지시했다. 이 안을 네 명의 사원들에게 전했는데, 매우 기뻐하고 있었다. 일본에서는 회사에 휴가를 내면 최소 60%를 지급해야 하지만, 필리핀에서는 노워크

노페이(Nowork Nopay)라고 해서 출근을 못하면 1페소도 받지 못한다고 한다. 네 명의 주재원들은 이를 알고 있기 때문에 진심으로 기뻐했던 것이다. 정말 필리핀 사람들은 국민들끼리 서로 사랑하는 나라이다. 단지 그들은 저금을 하지 않고 그날 번 돈은 그날 써버리는 국민이다.

▲ 일본에서 직접 지도를 받고 있는 필리핀 사원들

제5장

일본의 상식이
통하지 않는
인도네시아

인도네시아 금형공업회와의 제휴를 위해 일본금형공업회의 시찰 및 투자협의단이 2010년 11월 9일에 인도네시아에 도착했다. 일본 금형공업회로는 첫 인도네시아 방문단으로, 나는 단장으로 참가했다. 인도네시아 공업성의 함다니 차관, 인도네시아 금형공업회 회장 다카하시씨, 일본무역진흥기구의 후지에다씨와 나는 인사를 나누었다.

금형공업회를 통한 인도네시아
공식 방문으로 관계 강화

인도네시아의 2억 5,000만 인구는 시장의 크기만 해도 충분히 매력적이다. 아시아에서 일본과 굴지의 우방이고 차의 90% 이상은 일본차이다. 일본의 정밀하고 생산성이 높은 기술을 들여와서 인도네시아의 공업 발전에 기여하고 싶다고 전했다. 그리고 이 협의회에서는 현지의 상공부, 일본무역진흥기구, 금형회사들, 고객, 통역, 신문사 등에 미리 참가 요청을 해 두었다.

해외시찰에는 몇 개의 기업을 단시간에 방문하는 것만으로는 결코 비즈니스로 연결되지 않는다. 이번 일본금형공업회 회원 각사는 충분한 시간을 들여 통역을 개입시킨 후 합작 투자 후보와의 상견례나 현지 고객과의 상담회를 구체적으로 진행할 기회를 가졌다. 내가 이러한 협의회를 계획한 이유는 금세기 들어 일본과 독일의 폭넓은 기술이 이웃나라에 전파되고 있었지만, 일본의 금형 기술이 한 걸음 앞서고 있는 시기에 해외와 결속을 강화하는 것이 급선무라고 생각했기 때문이다.

성숙기에 들어선 일본에서는 해마다 저출산이 진행되어 젊은이들이 제조업을 이탈할 것으로 예상된다. 따라서 일본이 영구히 제조업에서 우위에 설 수 있다는 보장은 없다. 출발 전부터 이번 시찰은 구체적인 성과를 기대할 수 있을 것이라고 떠들어댄 만큼 결과가 궁금했다. 반년 정도 경과한 시점에서 금형공업회의 회합에서 전 단원들에게 경과를 물었는데, 그중 3사가 현지에 진출을 결정했다고 듣고 안심했다.

　당사는 1996년에 첫 해외거점으로 필리핀을 선택해서 진출했다. 시장이 작다 보니 매출의 성장세는 미미하면서도 다른 회사와 비교해 보면 업황은 순조로웠다. 2,500km나 떨어진 나라에서 우수한 인재가 성장하여 모든 면에서 일본 본사를 지원할 수 있는 체제가 마련되었다는 데 만족한다. 이런 이유로 이 협의회에서는 다른 회원사들의 지원 활동에 전념했다. 나중에 합작회사의 상대가 된 재벌기업, 아르마다의 부디요노 전무는 나의 이런 행동을 구석구석까지 지켜보고 있었다. 그 후의 경과는 다음에 기술한 대로이다.

놀라운 좋은 조건에 인도네시아 진출로 방침 전환

　인도네시아에서 일본투자협의회 활동을 지원하는 동안 아르마다를 방문할 기회가 있었다. 부디요노 전무가 별실로 불러서 들어가자, CEO인 림씨가 기다리고 있었다. 두 사람이 느닷없이 "이토상, 여기서 우리 회사와 합작회사를 만들지 않겠습니까?"라고 부탁한 것이다. 나는 "일본 본사와 필리핀 사업소 모두 지금은 바빠서 해외에 주재시킬 인원이 없습니다. 또한 현지 사정이나 경제 상황에 대해서도 전혀 알지 못하므로 거절하고 싶습니다."라고 전했다. 전년도에 부디요노 전무와 CEO의 아들이 당사를 방문한 적이 있지만, 합작회사의 조건이나 구체안의 제시도 없이 갑자기 인도네시아 진출을 의뢰하는 것에 놀랐다. 우리 회사의 기술력과 현대적인 공장을 마음에 들어하는 줄 알았는데, 나중에 아르마다의 관리자에게 물었더니 "이토상의 경영 스타일에 매력을 느끼고 있었다."라고 하는 것이었다. 나는 구체적인 상담이나 질문도 없이 일방적으로 상대방을 믿고 행동하는 그들을 이해하지 못했다.

2012년 6월, 아르마다에는 알리지 않고 인도네시아에 출장을 갔지만, 부디요노 전무가 발견하고 호텔로 마중을 나왔다. 그리고 이번에는 구체적으로 당사에 조건을 제시해 왔다. 5,000㎡ 공장을 마련해 월세와 지대는 이익이 날 때까지 지불할 필요 없고, 바닥에 추가로 20cm 콘크리트를 쳐서 전 공장에 주행 크레인을 부착한다고 했다. 그리고 가동되기까지 10개월 동안 간부 직원과 일본인 주재 급여는 아르마다가 모두 부담하고 차량도 제공한다. 800㎡의 사무실과 설계실은 CEO가 개인 부담으로 만들어서 기부한다. 또한 출장자에게는 도심의 고급 아파트를 아르마

다 부담으로 마련한다고 했다. 나도 오랫동안 해외 사업을 경험

했지만 이렇게 좋은 조건을 일찌기 들어본 적이 없었다.

이만한 조건이라면 거절했을 때 상대측이 크게 충격받을 것

이라고 걱정했다. 아르마다로부터 처음 제안을 받은 후 필리핀

자회사에서 인도
네시아 프로젝트
에 대한 설명회를
가졌다. 해외에 나
가서 지도할 수 있
는 수준의 기술사

▲ 현지 '자카르타신문'에 게재된 방문단 기사

▲ 오너에게 선물로 받은 사무소

는 20명 정도 있지만, 전원 모두 손을 들고 가겠다고 했다. 예상 외로 희망자가 많다는 점도 인도네시아 진출의 결정타가 되었다. 진출 6년째가 되었을 때 다소 이익을 기대할 수 있게 되어 월 40만 엔의 지대와 집세는 너무 싸므로 아르마다에 80만 엔을 지불하고 싶다고 신청했다. 그러자 아직 안정기에 들어가지 않아서 20만 엔만 추가로 지불하면 좋다고 했다. 정말 좋은 합작 상대를 만났다고 절실하게 느낀 순간이었다.

필리핀 기술자 파견하기

필리핀 자회사에서 인도네시아 진출 설명회를 한 지 한 달 만에 아르마다와 합작회사 설립에 관해 부디요노 전무와 본격적인 협의에 들어갔다. 당사의 진출 조건으로 필리핀에서 사장으로서의 경험이 있는 카와사키 타케시를 파견하였다. 필리핀에서 당초 4명의 기술자가 주재하게 한다고 전하자, 그의 얼굴이 갑자기 흐려졌다. "이토상, 금형 기술은 일본인에게 배우고 싶다." 이것은 당연히 예상했던 답변이었다. 왜냐하면 세계적으로 볼 때 이웃나라와는 사이가 나쁜 경우가 많다. 인도네시아는 국경 문제 등으로 말레이시아와도 갈등이 끊이지 않고 있다. 필리핀은 인도네시아와 비교해 인구와 자원이 적고 격이 낮은 나라로 보고 있는 것이 틀림없다. 따라서 그런 나라보다는 일본의 기술자로부터 최신의 금형 기술을 배우고 싶다는 심정을 충분히 이해할 수 있었다.

나는 필리핀은 격이 낮은 나라이고 일본인에게서 배우고 싶다는 뜻을 잘 이해한다. 나도 인근의 한국이나 대만의 기술자에게 배운다고 한다면 저항감을 느낄 것이다. 다만 이전부터 전하고 있었지만, 일본에서 파견할 수 있는 인재의 여유가 없다. 게다가 이들 4명은 가르치러 오는 것이 아니라 금형을 만들기 위해 주재하는 것이다. 일본과 필리핀에서 당분간 인도네시아에 금형도면을 보내주고 거기서 인도네시아 젊은이들과 함께 금형을 제작하면 매출도 빨리 올릴 수 있어서 새로운 회사를 조기에 정상 궤도에 올릴 수 있다고 설명했다. 그는 조만간 인도네시아 젊은이들에게 자신감이 생기면 순차적으로 필리핀 사람들을 귀국시키겠다고도 전했다. 나는 부디요노 전무에게 파견하는 것은 필리핀인이지만, 15년간 일본식 기술을 배워 일본인들과 비교했을 때 손색이 없는 기술자들이고 그들에게는 영어가 가능하다고 설명했다. 그는 이 제의를 거절할 경우 이토상이

이 프로젝트를 끝낼 것이라고 분명히 생각하겠지만, 사실 나도 그렇게 생각하고 있었다.

인도네시아 합작회사는 2013년 11월에 가동을 시작하여 필리핀인들이 현지 직원을 교육시키면서 두 달 만에 고정밀금형을 만들었다. 일본과 필리핀에서 설계도면을 받아 4명의 필리핀인 숙련기술자들을 파견하였다. 현지에는 필리핀과 동등한 설비를 갖추고 있어 정밀금형이 만들어지는 것이 우리에게는 전혀 이상하지 않았다. 그러나 주위에서는 "일본인 기술자가 하나도 없는데, 어떻게 그렇게 빨리 고정밀금형이 만들어지는가?"라면서 소문이 자자했다. 필리핀인 기술자들이 현지인과 비슷해서 그런 생각을 했을 것이다. 4명의 필리핀 기술자들은 인도네시아 현지인들과 함께 첫 해에 28세트를 제작할 정도로 좋은 결과를 냈다. 1년간의 주재 기간이 끝나고 이들의 귀임이 결정되자, 부디요노 전무는 그들은 잘하고 있으니 주재를 연장해 달라고 부탁했다. 그 밖에도 나는 수많은 필리핀 기술자들이 인도네시아 주재를 희망하고, 다음에도 훌륭한 기술자를 보낼 테니 걱정하지 않아도 된다고 설명했다.

인도네시아 현지인들의 영어 실력은 예상보다 높았기 때문에 영어에 능통한 필리핀인들이 결과적으로 일본인이 가르치는 것보다 훨씬 빨리 기술을 전수할 수 있었다. 금형 제작뿐만 아니라 품질 관리도 필리핀인의 지도로 ISO/TS16949까지 취득했는데, 이것은 일본에서도 아직 취득할 수 없는 것이다. 결산기에는 필리핀인 로즈가 2주간 머물면서 결산서까지 만들었다.

▲ 인도네시아 사업소 설립 조인식 모습

▲ 자동차 보디를 만드는 1,500톤 로봇 라인(아르마다 사)

불합리한 법률과 관습

우방이며 시장이 큰 인도네시아에서 훌륭한 파트너를 만나 가슴이 설레는 기업 활동을 한 지 6년 반이 경과했다. 그동안 업계에 인도네시아의 장점을 알리고 해외 진출 대상국로서의 우위성을 나름대로 소개해 왔다. 그러나 6년간의 경험으로 볼 때 다른 나라에서는 볼 수 없는 문제점도 많았다. 이러한 문제는 우리 회사뿐만 아니라 다른 많은 기업들도 골머리를 앓고 있는 것 같다. 나는 여기서 실제로 있었던 트러블이나 독특한 법률이나 습관, 문제점을 보여주고 싶다.

우선 생활면에서는 인도네시아의 인프라가 좋지 않지만, 고속도로 정체가 심해진 뒤에야 공사를 시작하기 때문에 너무 끔찍한 상황이 되고 있다. 주재원은 아파트에서 고속도로로 불과 25km 떨어진 회사까지 매일 편도 2시간 넘게 걸려서 출·퇴근해야 한다. 골프의 플레이 비용이나 노래방은 일본 이상으로 고가이다. 1,400엔 정도의 소주도 레스토랑에서는 12,000엔이나 하는 등 주재원들의 일상생활의 즐거움까지 빼앗아가고 있다. 골프장에서 여권을 휴대하지 않았다는 이유로 당국자에게 일본 돈으로 5만 엔의 벌금을 지불했다는 이야기도 들었다. 역시 일본인에게 돈을 빼앗기 쉽다고 생각하는 것일까? 이 돈은 결국 그들의 호주머니에 들어가는 것 같다.

비즈니스에서는 일본이나 필리핀에서는 생각할 수 없는 법률이 존재한다. 처음에 자카르타로 보낸 기계는 수개월 동안이나 항구에 체류시키는 일이 많다. 그래서 빨리 인수하고 싶다고 전하면 한 대에 십만 엔을 요구하고, 영수증도 발급하지 않는다. 더구나 다음 달이 되어서야 고액의 보관료를 청구해 골머리를 앓게 된다. 이것은 도둑에게 웃돈을 주는 것이나 마찬가지로, 매출이 1엔도 없는 상황에서 벌어져서 많이 힘들었다. 일본에서 수출된 키페니 급행 등에 깊이 생기면 하시 데케을 세워야 한다. 이렇게 긴급하게 서비스를 해야 하는 경우에도 한 달에 걸쳐서 비자를 받아야 한다. 하지만 이렇게 해서는 제조업을 원활하게 하기 어려운데, 이것이 바로 나라가 제조업의 발목을 잡고 있는 사례이다. 해외에서 일하려면 취업비자를 취득해야 하는데, 이 나라는 각 시나 도에서 비자의 취득을 요구한다. 이것은 타국에서는 있을 수 없는 법률이다. 필자가 듣기로는 여권을 소지하지 않은 일본인이 작업복을 입고 공장에 들어갔을 뿐인데도 수십만 엔의 벌금을 지불한 사례가 있다.

이웃 국가들과
잘 지내기 위한
각종 행사

2017년 1월 12일부터 17일까지 아베 신조 총리의 필리핀, 인 도네시아, 호주, 베트남 등 4개국 순방에 동행할 기회가 생겼다. 총 76개 기업에 이르는 방재협력단의 한 명으로 초청받은 것이 었다. 먼저 나는 우리 회사 현지법인이 있는 마닐라로 날아가 현지에서 합류하기로 했다. 민간기업에서 76명이 뽑혔지만, 필 리핀에는 28명이 참가했다. '일본 필리핀 비즈니스포럼'에서 나 는 필리핀에서의 활동을 소개할 기회를 얻었으므로 다음과 같 이 발표하였다.

필리핀 진출이 옳았음을 새삼 통감하다

1996년에 당사의 필리핀 현지법인 Ito Seisakusho Philippines Corporation을 설립했다. 태국에서의 합작회사 설립을 단념하고 굳이 필리핀으로 결정한 배경은 다음과 같다.

① 진출 기업에의 세제 우대
② 필리핀인의 높은 교육 수준과 뛰어난 영어 능력
③ 일본에 대한 세계 굴지의 우호국
④ 일본에서 가깝고 같은 섬나라이므로 국민성 등에 공통점
   이 많음

이 밖에도 아시아에서는 일본 이외 국가에서 가장 먼저 자동차 생산을 시작해 제조 감각이 좋은 것도 큰 요인이었다. 시장이 작은 이 나라에 진출하는 것에 당초에는 반대도 있었지만, 결과는 옳았다. 현지인 기술자들은 모두 금형을 만드는 것이 즐거워 보이고 "회사도, 이토상도 너무 좋다."고 말한다. 설립 이후 가족적인 경영에 초점을 두고 불과 6년 만에 일본 수준의 기술을 모두 습득했기 때문에 2명의 일본인 기술자들이 귀국하

면서 이익은 크게 증가했다. 과거에 수출한 실적으로 보면 이제 일본, 인도네시아, 태국, 멕시코 등에서 '메이드 인 필리핀' 금형은 높게 평가받고 있다.

2017년 4월에는 정밀금형의 수출 전용 공장이 완성되어 5년 후 2022년에는 아세안 넘버원의 생산량을 목표로 한다. '정밀금형의 필리핀'이라고 하는 시대가 이제 곧 다가오고 있다. 2013년에는 인도네시아에도 진출했지만, 조업 개시를 하면서 4명의 필리핀인 숙련기술자들이 금형 기술 지도를 맞게 되었다. 일본의 기술이 마닐라로, 그리고 마닐라에서 자카르타로 전해지게 되었고, 이에 따라 단시에 필리핀 긴헐이 있있다는 것을 이에이게 된 것이다. 비즈니스 회의가 종료된 후 필리핀 정부의 많은 관계자들이 미소를 지으며 악수를 청해 왔고, 주재하고 있는 일본무역진흥기구 관계자들도 매우 기뻐하였다.

정부 전용기로 두테르테 대통령의 고향을 방문하다

비즈니스 회의가 끝나고 말라카니언 궁에서 열린 만찬에서 식사와 교류회를 즐긴 뒤 호텔에서 휴식을 취했다. 둘째 날은 두테르테 대통령의 요청으로 그의 고향인 민다나오 섬의 다바오 시를 방문할 예정이어서 새벽 4시에 기상해 니노이 아키노 공항으로 향했다. 깜깜한 활주로 옆에 우리만을 위해서 임시 보안 게이트가 만들어져 있었다. 수하물 검사를 마치고 50m 정도 걸어 이동식 트랩에서 정부 전용기에 올랐다. 수직 꼬리날개에 일장기를 단 기체는 하늘을 오르기 시작하자 아침 햇살에 빛나고 있었다. 비행기광인 나에게 전용기 탑승은 일생일대의 잊지 못할 추억이었다. 전용기는 만일의 사태를 고려해 항상 2대 체제로 비행하는 것은 알았지만, 비용을 걱정하는 것은 중소기업 경영자의 습관 때문일 것이다.

다바오 국제공항은 활주로가 다소 짧아 전용기는 홋카이도 지토세 항공자위대 기지에서 일부러 다바오까지 이착륙 훈련을 했다고 한다. 양국 정상이 약속한 바를 지키려면 당연한 행동일 것이다. 정부 전용기는 조종사부터 승무원까지 모두 항공자위대원이 맡고 있었다. 당시에는 보잉 747점보기였지만, 기체가 구식이고 연비가 나빠 2019년 4월부터 보잉 777 기종이 채택되었다. 점보기의 기내는 상태가 좋고 폐기하기에는 아까웠는데, 5억 엔 정도로 매각한다고 듣고 싸다고 생각했다. 미국에서는 2배 이상의 가격으로 판매된다고 한다. B-777은 현재 세계적으로 주류인 대형기로서 항속거리가 길기 때문에 수많은 나라가 국제선에 채택하고 있다.

▲ 일본 · 필리핀 비즈니스 회합

▲ 정부 전용기의 기내에서의 필자

현지에서 열광적인 환영을 받다

우리가 다바오에 도착했을 때 마중 나온 시민들이 많았는데, 특히 어린이들의 환영은 열광적이었다. 대통령이나 시장이 아베 총리 일행을 환영하라고 큰소리로 외친다고 해서 그렇게 열광하지는 않을 것이다. 나는 20여 년 동안 필리핀을 자주 방문하면서 필리핀 사람들이 일본인을 존경하고 사랑하는 것을 여러 번 겪어보았지만, 환영인파를 보고 새삼 다시 실감했다. 일본의 정상 일행이 그토록 환영을 받은 것이 일본 국민으로서 자랑스러우면서도 동시에 이만한 환영을 받는 나라가 세계에 있을까 하는 생각이 들었다. 안타깝게도 이 소식은 일본 언론에

▲ 마라카니안 궁전에서 두테르테 대통령과 함께 촬영한 모습

▲ 민다나오 국제대학에서 큰 환영을 받는 일행

거의 보도되지 않았다. 자국의 총리가 해외에서 높이 평가받는 장면을 언론은 국민에게 보여주고 싶지 않은가?

세계적으로는 무엇인가 주목을 끄는 두테르테 대통령이지만, 국내에서는 80%가 넘는 높은 지지율을 유지하고 있다. 우리 회사 사원들은 거의 모두 대통령의 팬인데, 실제로 그를 만나서 이야기해 보니 매우 매력적이고 호감이 갔다.

보고르 궁전에서의 만찬

아베 신조 총리와 함께 2017년 1월 12일에는 필리핀 말라카

농 궁전에서, 15일에는 인도네시아 보고르 궁전에서 열린 환영회에 민간인인 내가 참석했는데, 이것은 평생 잊지 못할만큼 영광스러운 시간이었다. 자카르타는 항상 교통체증이 심해 묵었던 호텔에서 보고르 궁전까지는 보통 2시간 가까이 걸리지만, 이날은 고속도로를 봉쇄하고 경찰차가 선도해 주었기 때문에 35분 만에 도착할 수 있었다. 가뜩이나 교통체증이 극심한 자카르타에서 이날 교통을 통제한 것은 인도네시아 국민에게 큰 폐가 되었을 것이다.

저녁 만찬에 앞서 아베 총리와 조코 위도도 대통령의 정상회담이 열렸다. 이어 인도네시아 순방에 참여한 27명의 민간인 중 7명이 뽑혀 대통령 각하와 장관들에게 발표할 기회가 주어졌는데, 당시에 내가 발표한 내용을 요약하면 다음과 같다.

'이번 모임에서 저희 회사를 소개하는 기회를 주셔서 감사합니다. 당사는 2013년, 현지의 재벌인 메칼·아르마다·자야사와 합작회사를 부카 시의 탄분에 설립했습니다. 저희 회사는 순송금형의 제작이 전문이지만, 이 금형은 정밀한 금속 부품을 자동으로 매우 빠르게 가공할 수 있습니다. 50여 년간 순송금형 제작에 특화되어 있으며, 뛰어난 기술과 경험을 가지고 있습니다. 이 기술을 현지에 이전함으로써 이미 많은 고객들로부터 수주를 받고 있습니다. 인도네시아에서는 최근 자동차 생산이 증가하고 있습니다. 해마다 임금이 크게 상승하고 있는 요즘, 품질과 가격 경쟁력이 있는 순송금형의 보급을 확대함으로써 인도네시아 자동차 산업의 경쟁력 향상에 크게 공헌하고 싶다고 생각합니다.'

▲ 인도네시아의 투자비즈니스포럼 개최 세레모니

▲ 보고르 궁전에서 아베 총리, 조코 대통령과 함께 촬영한 모습

제6장 이웃 국가들과 잘 지내기 위한 각종 행사

놀랍게도 나의 왼쪽에 앉아 있던 대통령과 두 명의 장관이 박수를 쳤다. 제조업에 대한 딱딱한 발표 내용이라고 생각했던 것일까? 어떤 부분에 흥미가 생겼는지 궁금했지만, 그것을 물어볼 기회는 없었다. 또한 왜 나에게만 박수를 쳤는지도 몰랐다. 인도네시아는 아세안 국가 중에서도 노동조합이 가장 강하다고 알려져 있으며, 5년간 임금이 약 2배로 올랐다. 인도네시아 정부는 매년 많은 임금 인상을 기대하는 것 같고, 그들은 급여를 올리면 선진국이 될 수 있다고 생각할 것이다. 하지만 이것은 정부가 국민의 비위만 맞추려는 것 같다.

2017년 10월, 나는 도쿄에서 개최된 인도네시아 투자비즈니스포럼에서 강연할 기회를 얻었다. 이때 나는 인도네시아 공업성의 장관에게 "임금을 올리는 것과 동시에 생산성을 올리지 않으면 인근 공업국을 가격으로 이길 수 없다."고 말했다. 이미 합리화가 진행되고 있는 태국과 비교해 자동차나 오토바이가 비싸다는 것을 인도네시아의 산업경제부가 인식하고 있었다. 이런 이유로 조코 대통령이 박수를 보낸 것은 일본의 금형 기술에 대해 기대를 한 것이라고 생각하지만, 아마도 틀린 것은 아니라고 본다.

아베 총리의 하노이 내외신 기자회견

아베 신조 총리의 아시아 4개국 순방에서는 해상 안전과 경제 분야에서의 상호협력 등 각국 정상과 다양한 협의를 했다. 아베 총리의 행보에 대해 중국의 신화사통신은 일련의 행보를 크게 보도했다. 이번에 방문하는 아시아 4개국과의 우호를 거듭하는 데 대한 아베 내각의 동향을 상당히 의식하고 있는 것 같았다. 필리핀, 호주, 인도네시아를 차례대로 방문한 후 마지막 방문국인 베트남에서는 하노이 쉐라톤호텔에서 NHK 기자회견이 열렸다. 최근 전 세계에 존재감을 나타내고 있는 아베 총리에게 각국이 귀를 기울이는 이 회견에서 놀랍게도 아베 총리는 당사의 해외 사업에 대해 소개하였다. 그래서 필자는 아베 총리의 연설 전문을 소개하고 싶다.

아베 총리가 이토제작소를 소개하다

"20년 전 필리핀에 진출한 미에 현의 금형업체는 오랫동안 인재 육성에 힘써 왔습니다. 지금은 높은 수준의 금형도 현지 직원분들만으로도 제작할 수 있다고 합니다. 4년 전 인도네시아에서도 합작회사를 설립하고 마찬가지로 인도네시아 젊은이들의 기술력 향상에 힘쓰고 있습니다. 일본의 기술을 단지 가지고 오는 것이 아니라 사람을 길러 제대로 그 땅에 뿌리내리게 하는 것, 이것이 일본의 방식입니다."라고 아베 총리는 연설했다.

귀국 후 다른 업종의 수많은 관련자들로부터 축하의 인사를 받았다. "이토상, 정부는 수백억 엔의 이익을 내는 대기업뿐만 아니라 우리 같은 중소기업에도 관심을 가지고 있군요."라고 감격했다. 이것은 금형업체뿐만 아니라 열처리업체, 절삭업체, 식품가공업체, 도자기업체 등도 모두 감격한 것이었다.

▲ 베트남에서의 기자회견에서 당사를 소개하는 아베 총리

해외에서 내가 현지의 관리들을 만나면 그들은 일본 중소기업의 기술을 높이 평가해 준다. 일본 정부에도 중소기업의 강점이 해외의 관리들로부터 전해지고 있는 것이 틀림없다. 2017년도 추경예산에서는 중소기업의 경영 향상 지원 사업을 활발하게 진행했는데, 우리 업계의 노력을 더욱 잊어서는 안 된다.

두테르테 대통령의 일본 방문 만찬

필리핀의 두테르테 대통령은 2017년 10월 25일부터 31일까지 일본을 방문했다. 그해 1월 아베 신조 총리가 아시아 4개국을 순방했을 때 대통령의 고향인 다바오까지 정부 전용기로 방문한 것에 대한 답례의 의미일까? 이번 기회에 나는 총리공관에서의 만찬에 초대를 받았다. 일본과 필리핀 양국에서 약 70명 정도가 참석한 아담한 만찬이었다.

일본측 참석자는 총리부부, 아소 부총리, 각 대신, 대사, 비서관, 보좌관들이었다. 민간에서 초대받은 사람은 7명뿐이어서 나는 매우 영광스러웠다. 어머니가 필리핀 사람인 전 AKB48의 아키모토 사이카 씨는 필리핀 관광 친선대사로 만찬에 참석했다.

2017년 1월, 필리핀 방문 때 아베 총리가 거국적으로 환영을 받은 것을 나는 목격하여 알고 있었다. 그때의 분위기에 비해 만찬은 "무슨 일이 있었나?" 싶을 정도로 조용한 분위기였다.

▲ 두테르테 대통령 방일 시 만찬회에 참가한 모습

▲ 필리핀과 일본 양국 정상의 환담

필리핀의 입지를 예측하다

일본 방문 2주 전 두테르테 대통령은 중국을 방문했다. 중국의 신화사통신에 따르면 두테르테 대통령은 중국과의 연계를 강화한 것이다. 또한 미국과 일본, 호주, 베트남이 요구하였던 난사제도에서의 중국의 군사 행동에 두테르테 대통령은 아무런 불평도 하지 않았다. 오바마 전 대통령과 사이가 나빴던 것도 있고, 대미 비판의 발언 등 일본 이상으로 미국은 당황한 모양이었다.

친일 친미 반중이었던 아키노 전 정권과 같은 정책일 것으로 기대했던 일본 정부는 필리핀에 거액을 지원했다. 철도나 지하철에 대한 자금을 지원했고, 해상자위대의 쌍발 연습기, 대형 순시선 2척을 공여했다. 대통령의 할아버지가 중국계여서 중국과의 관계도 있을 것이다. 어떤 정책 변화는 예상했겠지만, 두테르테 대통령의 대중 친밀감은 미일의 예상을 크게 뛰어넘는 것이었다. 또는 중국으로부터 일본 이상의 지원이 있어 양다리를 걸치고 있는 것일까?

과거 종주국인 미국에 대한 반식민지 감정이 저류에 분명히 있어 보인다. 미국으로서는 필리핀을 연결해 동맹관계를 유지

제6장 이웃 국가들과 잘 지내기 위한 각종 행사

하고 싶은 것이고, 아시아의 대 중국 포위망으로부터 필리핀을 잃는 것은 타격이 매우 크다. 일본을 절대적으로 신뢰하고 좋은 관계를 유지하고 있는 필리핀 정부를 상대로 일본 정부의 외교적 수완에 기대를 걸고 있다.

일본이 자랑하던 반도체 생산이
삼성으로 넘어간 이유

한국은 한일 관계의 악화로 화이트 국가에서 제외되거나, 미중 무역 마찰 때문에 화웨이와의 관계에도 문제가 생기고 있다. 그리고 한국 경제가 궁지에 몰린 지금도 삼성은 한국의 톱 기업이다. 과거에는 일본 언론으로부터 계속 비약하는 삼성을 본받으라는 등의 보도가 나왔다. 하지만 당시 다양한 기술을 갖고 신제품 개발력이 있는 일본 가전업체가 한국에 질 리가 없다고 일본인들은 생각했다. 하지만 현재 삼성은 세계 유수의 제조업체가 되었고 매출액과 이익은 전 세계적으로 톱클래스가 되었다.

그렇다면 삼성이 왜 일본의 톱 기업 위에 갈 수 있었을까? 기업이 약진하기 위한 조건으로 기술력은 필요조건이지, 충분조건은 아니다. 제조라는 관점에서 성장의 노하우를 필자가 아는 한 말하고 싶다.

전례가 없는 생산체제

일본은 전후 19년 만인 1964년 고속전차인 신칸센 운행을 시작했고 고속도로도 개통했다. 패전으로 세계의 최빈국이 된 일본이 얼마 안 되는 기간에 급성장한 것에 대해 세계인의 눈이 휘둥그레졌다. 일본은 1975년 무렵, 전 세계의 소비자들을 열광시킬 수많은 매력적인 공업제품들을 수출했다. 그리고 1980년경에는 미국이 자랑하던 세계 반도체 소비량의 절반 이상을 일본 기업이 생산하게 되었다.

이에 위기감을 느낀 미국은 한국에서 반도체를 생산할 계획을 세웠다. 세계의 패권국인 미국은 군사, 외교, 경제, 중요 공산품에서 자국을 흔드는 나라를 용납하지 않는다. 과거에는 독일이나 일본의 군사력 증강을 허락하지 않았다. 그리고 이란이나 북한이 핵무기를 소지하는 것도 허용하지 않았고, 현재는 중국의 화웨이를 압박하고 있다.

삼성은 어떻게 스마트폰으로
세계 최고가 되었는가?

삼성의 약진은 반도체와 액정, 유기EL에서 나왔다. 일본인 기술자들을 열심히 스카우트했고, 여기에 이건희 회장의 지시로 과감하게 거액의 설비 투자를 한 것이 큰 성공으로 이어졌다. 카메라와 텔레비전, 가전제품 등은 월간 10만 대 정도 판매하면 히트상품이라고 말하지만, 전 세계의 소비자가 사용하는 스마트폰은 월간 1,000만 대 이상의 생산 능력을 필요로 한다. 일본에서도 휴대폰을 월 30만 대 정도 생산한 기업은 있었지만, 월간 수천만 대를 생산하는 삼성과 비교하면 가격에서 도저히 이길 수 없다. 거기에다 개발비가 만만치 않아 그 점에서도 삼성을 따라갈 수 없었다.

어쨌든 월간 수천만 대라는 막대한 양을 발매와 동시에 생산해야 하는 것이다. 플라스틱 부품이나 프레스 부품, 고무, 스프링, 케이스 등을 단기간에 그만큼 생산하려면 다양한 금형을 순식간에 수백 세트씩 제작해야 한다. 이러한 상품의 경우 생산 준비에 수개월이 걸린다면 고객의 요구에 부응할 수 없다. 그러나 삼성은 초단기간 금형을 제작할 수 있는 공장과 시스템을 내부에 완비하고 있다. 예를 들면 플라스틱 부품을 생산하는 동일한 수지 금형을 100세트 제작할 경우 일본은 반년 정도 걸리지만, 삼성은 불과 십수 일 만에 완성한다. 황삭 가공, 홀 가공, 방전 가공, 연마, 열 처리 등의 공정을 분업화하고, 100명 단위의 작업자가 공정별로 금형의 각 요소의 부품을 제조하여 빠른 속도로 금형을 제작하는 것이다. 과거에 없었던 대규모 생산 방식으로 금형을 해 낼 수 있는 것은 삼성의 이건희 회장처럼 앞을 내다볼 줄 아는 특출한 경영자와 기술 혁신이 있었기 때문이다.

기술력만으로는 안 된다

한국에는 삼성만이 아니다. 금형용 원부자재 메이커도 삼성이 같은 형태의 다이세트나 몰드베이스를 한 번에 수십 세트 단위로 수주해도 단기간에 납품할 수 있는 체제를 구축하고 있다. 또한 단납기로 가격면에서도 대폭 싸게 만들 수 있다. 만약 일본에서도 이러한 생산 시스템을 도입하려고 시도한다면 경영상 불가능할 것이다. 왜냐하면 대량생산용 설비에 거액을 투자했지만, 신제품이 실패해 수천억 엔 단위의 손실이 발생하면 주주들로부터 엄청난 클레임이 제기되어 경영 책임을 물어야 하기 때문이다. 이것은 오너 기업 경영자의 탁월한 경영 수완이 아니고는 절대로 불가능하다. 만약 실패하면 거액의 손실이 날 수도 있지만, 신제품이 궤도에 오르면 매년 수천억 엔의 이익을 낸다는 선견이 있어야 투자를 결단할 수 있는 것이다. 세계적인 톱 제조업체가 되려면 기술력 이상으로 경영자의 뛰어난 판단력이 있어야 한다.

반면 주주를 중시하는 일본 대기업에서 경영에 큰 잘못이 있으면 경영 책임을 묻는다. 일본이 첨단기술로 세계 굴지의 기업을 키우려면 책임과 자금면에서 국가가 뒤에서 지원할 수밖에 없을 것이다. 삼성은 한국을 세계의 기술 선진국으로 끌어올렸으며 자국의 이익에도 크게 공헌하고 있다. 이것은 이건희 회장과 같은 탁월한 오너 경영자가 있었고 한국인들의 높은 교육 수준과 근면 성실함이 있었기에 가능한 일이었다.

제7장

모노즈쿠리의
부흥을 정치권과 정부,
언론에 고한다

2013년 4월, 당사는 3개 공장에 태양광 발전을 도입한 데 이어 2015년까지 6개 공장에 모두 설치했다. 도합 380㎾의 발전 능력이 있고, 일반 가정 100가구 규모의 전력을 발전하고 있는 것은 지구온난화 대책에도 크게 공헌하고 있다. 여름철에는 공장의 지붕이 70℃ 가까이 뜨거워지지만, 발전 패널이 그림자가 되어 20℃ 가까이 온도가 내려가 공장 에어컨의 가동 효율이 높게 작동하는 큰 부수적인 효과를 얻고 있다. 현재의 발전량이나 전기 판매 요금은 해외에서도 스마트폰으로 체크할 수 있다.

제7장 모노즈쿠리의 부흥을 정치권과 정부, 언론에 고한다

▲ 공장의 지붕에 설치한 태양광 발전 판넬

▲ 파트타임 사원도 즐겁게 일할 수 있는 환경

선진 국가로서 제조업의 역할

중소기업 후계자 상속세 100%
유예를 실현시키다

2015년 10월에 출간한 저서《일본의 훌륭한 아버지식 경영》의 제8장에서는 10페이지에 걸쳐서 후계자 상속세의 문제점을 호소했다. 그리고 2004년에 발매한 처녀작《모노즈쿠리야말로 일본의 보루》에서도 후계자 상속세의 문제점을 다루었다. 우량 중소기업 현장을 조사하면 이 문제는 쉽게 풀릴 수 있겠지만, 나아지지 않았다. 나는 후계자 상속세가 맞지 않는다고 하소연하는 것은 당국의 귀에는 들리지 않는다고 생각했다. 후계자 상속세를 개정하면 결과적으로 법인세와 개인의 소득세, 소비세의 증가 등으로 이어져서 30년간 납세가 대폭 늘어난다는 이유와 근거를 충분히 설명했다.

기업의 이익에서 세금을 뺀 잉여금이 회사에 축적됨으로써 상장기업이라면 주가가 오르는 것을 환영할 수 있다. 그러나 중소기업의 경우 주식을 시가로 외부에 매각하는 것이 불가능하다. 또한 상속세를 많이 낸 상속인이 기업에 쌓인 예금을 사용하면 도둑질이 되기 때문에 전혀 쓰지 못하는 문제가 있다. 후계자 후보인 젊은이는 이익이 나지 않는 회사의 후계자를 당연히 하고 싶지 않을 것이다.

이익이 나고 좋은 회사일수록 웬일인지 거액의 상속세가 후계자에게 붙는다. 내가 아는 어떤 분은 우수한 후계자가 있어 여러 차례 본인의 뒤를 따르도록 설득했지만, 결국 변호사를 선택했다. 시가로는 팔리지 않는 주식, 못 쓰는 회사의 잉여금에 많은 세금을 내면서까지 차기 경영자가 되겠다는 젊은이는 줄어들 수 밖에는 없다. 그 결과, 올해에는 후계자가 격감하고 있는데, 당국에는 긴급하게 상황을 파악하여 현장 조사를 해 주었으면 한다. 더욱이 후계자가 감소하고 있는 원인은 중소기업 경영자의 개인 보증에 있다. 일본 상장기업의 사장은 설령 회사가 도산해도 개인 보상의 의무는 없다. 세계적으로 중소기업 사장이 개인의 자산을 모두 은행에 착취당하는 나라는 거의 없다.

황금알(세금)을 낳는 어미새(기업)를 늘림으로써 국가의 납세는 증가한다. 어미새가 되고 싶지 않은 병아리의 육성을 진지하게 생각하지 않으면, 일본의 장점인 제조업체가 후퇴하여 '천하의 중대사'를 맞게 된다. 열심히 세금을 징수하는 것 이상으로 다음 세대를 위해 세금을 잘 쓰는 것도 크게 손을 보아야 한다. 세금 낭비 문제가 터져도 국민들의 반발은 미약하다. 하지만 민관 일체가 되어 세금을 올바르게 사용하면 현재의 세수입으로도 강한 국가를 만들 수 있다고 판단하고 있다.

젊은 후계자가 늘어나지 않으면 성장도 없다

최근 후계자 부족이라고 크게 거론되고 있지만, 실제로는 우수한 경영 자질을 갖춘 젊은이가 부족할 정도로 심각하지 않다. 심각한 것은 황금알을 낳는 어미새(기업)까지 상속세 명목으로 먹어 치워도, 국가의 위를 채울 수 없다고 하는 궁색한 일본의 재정 사정이다. 황금알(세금)을 언제까지나 얻을 수 있도록 어린 새가 어미새가 되기 쉬운 세법으로 개정하는 것 외에는 길이 없다. 중소기업의 후계자가 고액의 상속세를 피해 후계를 잇지 않기 때문에 경제산업성이 M&A 인수 기업을 돌보고 있다는 기사가 신문에 실렸다. 이는 퇴행적 행위이므로 후계자가 의욕을 가질 수 있도록 세법을 먼저 개정해야 할 것이다. 한술 더 뜨면 후계자가 된 사람에게 국가로부터 감사장을 수여해도 좋지 않은가?

2018년도에는 세제를 개정하여 일정한 조건을 갖추면 '중소기업의 상속세 100% 유예'의 특례 조치가 실현되었다. 향후 이 특례 조치가 구체적으로 어떻게 운용될지는 주시하고 싶지만,

중소기업의 후계자가 증가할 가능성이 분명하다는 것은 높이 평가할 수 있다. 자제가 후계자가 되기 싫다고 생각하여 회사 주식을 팔 경우 이전 세대에서는 주식 양도 이익의 20%만 세금으로 냈지만, 이 경우에는 80% 정도의 징벌세를 매겨야 한다. 후계를 이으면 100% 유예가 된다면 더욱 그렇다. 중소기업 경영자들은 국가의 세법 개정 특례 조치의 은혜를 알고 납세의식을 확고히 하여 젊은 경영자들의 활발한 기업 활동을 기대하고 있다. 또한 부모의 슬하를 떠나 자립하는 삶의 방식도 이해한다. 하지만 직원들을 위해, 국가를 위해 지금부터라도 부모들이 애써 일군 회사로 되돌아가서 젊은 힘으로 성장 발전시켜 주기 바란다.

국회 참고인으로 출석해 정부에 정책을 제안하다

2006년에 개최된 제164회 국회 경제산업위원회에 나는 일본 금형공업회 부회장의 자격으로 참고인 출석했다. 나 외의 다른 참고인으로는 일본 주조협회 부회장 사카이 히데유키 씨, 나가오카 공업고등전문학교의 교사 타카다 코우지 씨, 토호쿠대학

▲ 법인세 절감의 즉효성을 시사프로 방송에서 설명하는 모습

▲ 참고인으로 국회에서 의견을 말하고 있는 필자

대학원 교수 호리키리카와 카즈오 씨 등 3명이었다. 안건은 중소기업 제조 기반 기술의 고도화에 관한 법률안을 법제화하는 데 있어 산학으로부터 기탄 없는 의견을 제시하라는 것이었다.

이것은 제조업체에 있어서 고마운 법안이다. 이 법안에 대해서만 요청이나 희망 사항을 물어볼 줄 알았는데, 정부에 민원이 있으면 무슨 말이든지 해 달라는 것이었다. 나는 1시간 동안 다음과 같은 내용으로 발언했다.

- 일본 중소제조업의 전반적인 기술력은 세계적으로도 상위에 있다.
- 중국이나 한국에서는 정부와 산·학이 하나가 되어 기술력을 높이고 있다.
- 한국에서는 금형의 중요성을 인식하고 35년 전에 대학에 금형학과를 설립한 후 현재 연간 4,000여 명의 금형 기술자를 기업에 배출하고 있다. 다른 나라의 이러한 기세를 고려하면 일본의 금형 기술이 선두에서부터 추락한다고 해도 전혀 이상하지 않다.
- 소모적이고 의미 없는 소방법이나 건축기준법의 규제가 생산에 큰 장애가 되고 있다. 내화성 건축물로 1,400㎡가 넘으면 실내 소화전 설치가 의무화되어 이를 위한 방화수조 설치도 필요하다. 그러나 대다수의 정밀기계와 나는 섯은 기름만 있는 공장에서 불이 난다고 해도 소화에 물을 쓸 수 없

다. 건설에 1,000만 엔 이상 드는 쓸데없는 투자상각비는 수출 경쟁력에서도 불리하다. 종전 직후 목조공장이 대세였을 때의 법률로 보이지만, 시대에 따라 법을 개정하는 것은 정부의 소임이다.

• 후계자 상속세는 이중과세로, 상속인이 사용할 수 없는 회사의 잉여금에 높은 세금을 매기기 때문에 사업 상속을 하기 싫은 후계자가 증가하고 있다. 장래의 세수와 고용을 고려하면 긴급한 법률 개정이 국가에 이득이 되므로 우량 중소기업의 실태를 조사했으면 한다. 장차 후계자가 격감할 것으로 예상하고 있지만, 세법을 개정하지 않는 한, 국가적 손해가 된다고 단언할 수 있다.

이러한 발언은 정부측에서 보면 듣기 어려운 내용이겠지만, 진지하게 받아들여준 것에 감사한다. 10여 년 전 국회 발언을 꺼냈지만, 나는 그 후에도 전문지, 대학의 강의, 서적, 강연 등에서 이들의 문제점을 계속 강조해 왔다. 2018년부터 배우자 특별공제액 수정과 후계자 상속세에서도 법률이 크게 개정되어 왔는데, 앞으로도 중소기업에 부과되는 여러 가지 문제점을 지속적으로 지적하려고 한다. 내가 십수 년 전에 지적한 것에 대해 정부에서는 이제 겨우 대책안을 내놓았는데, 움직임이 너무 느린 것은 국가의 손실이라고 인식해 주었으면 한다.

선친은 자신 있는 어망사업 대신 금형으로 방향을 전환하다

이토제작소는 1945년에 선친 이토 쇼이치가 어망기계를 통한 전후부흥을 목표로 창업한 후 올해로 75년째를 맞는다. 어망기계의 소모 부품인 셔틀은 틈새제품이었지만, 당사는 세계시장 점유율을 거의 독점하고 있었다. 나는 대학교를 졸업하고 창립 20년째인 1965년에 입사했다. 입사 직후 선친은 "이런 일의 기술이라면 대만이나 한국에 결국 빼앗겨 버린다. 너는 어망기계 부문의 일은 안 해도 되니 정밀 프레스금형 제작에 전념하라."고 지시하셨다. 이어 그 시대의 요구에 부응할 수 있는 기술력을 쌓아 나간다면 회사는 언제까지나 존속할 수 있다고 하셨다. 자신이 자랑할 만한 일을 아들에게 물려주고 싶은 것이 부모 마음이 아닐까? 당시에 생각했지만 역시 평범한 아버지가 아니었던 것 같다. 금형 기술이 무엇인지를 잘 몰랐던 아버지였

178
선진 국가로서 제조업의 역할

지만, 현재의 상황을 예측하는 듯한 선견지명이 있었다. 올해 별다른 어려움 없이 창업 75주년을 맞는 것은 이러한 선친의 선견지명이 있었기 때문일 것이다.

1986년에 나는 사장에 취임했다. 장인 기질을 가진 아버지는 현장 작업을 좋아하셨고, 그 이전부터 경영에 관한 업무는 나에게 맡겨졌기 때문에 경영 승계는 매우 수월했다. "사장은 힘들죠?", "외롭지 않아요?", "고생이 많죠?"라면서 주위에서 걱정해 주었지만, 현재까지는 아무런 어려움도, 문제도 없다고 대답했다. 운이 좋았던 것인지 또는 내 성격이 낙관적인 것인지, 회사도 큰 위기 없이 완만하게 성장할 수 있었는데, 이것은 모두 관련자 여러분들의 덕분이었다.

▲ 선대 사장인 이토 쇼이치

퍼스트 솔로 플라이트

1979년 8월 20일은 나고야공항에서 내가 파이퍼 체로키로 첫 단독비행을 한 날로, 37세 때의 일이었다. 후루모리 교관은 대잠초계기의 전직 조종사로 해상자위대원이었다. 그래서 해상을 날 때는 항상 기운이 넘쳐있었는데, 나는 조종을 바꾸어 달라고 졸라서 바닷물에 손이 닿을 것 같은 저공비행을 즐겼다. 이때 비행고도가 2~3m 정도여서 제방을 달리는 차를 바로 위에서 볼 수 있었다.

여느 때처럼 훈련이 끝나고 "그럼 지금부터 단독비행을 할까?"라고 예고도 없이 교관이 물었는데, 이것은 나에게 큰 부담이었다. 그래서 나도 모르게 "정말 가는 겁니까?"라고 다시 물었다. 지금까지의 나의 비행 시간은 22시간으로, 지금 단독비행하면 일본 플라잉 클럽(나고야)에서는 최단 기록이 된다고 하였다. 나는 교관이 동승하지 않는 비행편에 불안을 느끼며 이륙했다. 혼자 날면 기체가 70kg 가벼워지므로 지금까지보다 급상승이 가능했다. 고도 3,000feet로 진로를 가마고리 시로 잡고 25분 후에 90도 라이드딘을 해서 시노지마에 하강했나. 고노 50m에서 소형 보트에 뱅크를 흔들자, 그들은 두 손을 흔들며 화답했다. 계속해서 북서쪽으로 진로를 틀어 욧카이치로 향했는데, 지금 엔진이 멈추면 이세만 바다에 그대로 풍당이라고 생각하니 긴장되어 땀에 흠뻑 젖었다. 욧카이치 컨트리 클럽은 고압선이 있어서 저고도에서는 날지 못했지만, 내가 아는 친구인지 골프채를 흔들었다. 이어 홈코스인 미에 컨트리클럽으로 향했다. 대부분의 캐디는 내가 비행기광이라고 알고 있었기 때문에 크게 환영해 주었다. 고도 60m에서 비행하여 내 얼굴이 잘 보인 것 같았다. 물론 첫 단독비행이라 긴장했기 때문에 나는 누군지 알 수 없었다.

교관이 옆에 있으면 아늑나운 스스카산벡의 생치를 핌싱이며 저공에서 골퍼를 위협하기도 했지만, 이날 비행에서는 아무것도 눈에 들어오지 않았다. 이후 이나자와 시 상공에서 관제탑에 착륙 허가를 받아 파이널 어프로치한 후 기체가 가벼워서인지 평소보다 30m 정도 먼저 착륙했다. 택시잉 후 에이프런에 도착했을 때 후루모리 교관이 새파랗게 질린 얼굴로 달려왔다. "이토군, 2시간 가까이 어디까지 갔었어? 첫 단독비행은 통상 이나자와 상공을 돌아 20분 정도로 돌아오는 것이다!"라고 소리쳤다. 교관은 곧 돌아올 것으로 생각하고 주기장에서 계속 기다리고 있었던 것이다. 훗날 후루모리 교관은 클럽의 회원들에

제7장 모노즈쿠리의 부흥을 정치권과 정부, 언론에 고한다

게 "이토라는 녀석은 첫 단독비행에 2시간이나 날았는데, 믿기지 않는 담력"이라고 말했다고 한다.

역사에 'if'는 없지만 비행기를 동경하고 있던 내가 만약 15년 전에 태어났다면 카고시마 지란의 특공기지에서 미 항공모함을 향해 돌진했을 것이다. 내가 비행기에서 내린 이유는 위험한 취미라는 것보다는 금전적인 면이 있었지만, 자금과 시간적인 여유가 생긴 지금은 복귀할 생각도 하고 있다.

나 이외는 모두 고객이다

내가 아무리 노력해도 한 사람이 남보다 몇 배 일할 수는 없다. 그러므로 자신이 경험할 수 없는 것이나 모르는 것을 커버하기 위해 정보나 조언을 받을 수 있는 지인을 늘리는 것을 항상 생각해 왔다. 그리고 자신 이외의 사람은 모두 고객으로서 교제하도록 노력해 왔다. 그렇지만 업무상의 트러블이 계속되었을 때 귀가하면 가족이나 애견에게 화풀이한 적이 가끔씩 있었다. 그때의 나는 틀림없이 매우 추악한 얼굴을 하고 있었을 것이다.

고객이나 선배들에게서 꾸중을 들었을 때 이런 추악한 얼굴이 되면 큰일이라고 생각했다. 모든 사람들을 손님이라고 선언한 이상, 가족이나 애견에게도 똑같이 대하도록 마음가짐을 가지면서 이러한 문제가 다소 개선되었다고 생각한다. 불완전한자신을 어떻게 하든 개선하기 위해 고등학생 때 익힌 마술을가족들에게 보여주는 것부터 시작하기로 했다. 지금까지 수없이 선보였던 마술은 많은 분들에게 좋은 인상을 심어주고, 훌륭한 교제를 할 수 있도록 포문을 열어주는 도구였다. 수많은남녀노소에게 선보였지만 관심을 보이지 않은 사람은 단 한 사람도 없었다.

마술이 인화를 낳다

50여 년간 내가 마술을 선보인 저명한 분들을 소개하면, 평론가 다케무라 겐이치 씨, 전 자이언츠 나카하타 기요시 씨, 야마쿠라 가즈히로 씨, 배우 다쿠마 노부 씨, 전 덴소 사장 이시마루이쿠노리 씨, 필리핀 두테르테 대통령, 세부섬 지사 토마스 오스메니아 씨, 인도네시아 조코 위도도 대통령, 아베 신조 총리부부 등이다. 수없이 많은 분들이 마술을 즐겼고, 마술의 원리를 가르쳐 달라는 요구도 많았지만, 그중 가장 열심이었던 분은 나카하타 키요시 씨였다.

회사 업무나 사적인 일들이 의미 있고 순조롭게 진행되고 있다면 70%는 운이 좋았다고 생각한다. 되돌아보면 운이 좋았다기보다 주위의 여러분들에게 도움을 받은 것이라고 수정하고 싶다. 하지만 이러한 좋은 만남이 있었던 것 자체가 운이 좋은 것일 수도 있다. "그때 그분과 만나지 않았더라면 이렇게 좋은 방향으로 가지 못했을 텐데!"라는 독자 여러분들도 그런 예가 많을 것이다. 사람은 첫 대면에서 처음 5분 만에 상대에 대한 인상이 결정된다고 생각한다. 불과 5분의 기회가 내게 가장 소중하고 기쁜 시간이다. 긴 인생에서 수많은 행운이 있었지만, 이러한 행운은 모두 처음 5분의 만남이 시작인 것이다.

▲ 해외 동업자와의 회합에서 분위기를 풀어 주는 모습

▲ 인도네시아 보고르 대통령 궁전에서 총리에게 마술을 선보임

제8장

경영자로서의
이토 스미오가
되기까지

종전이 되던 1945년, 약간의 자금으로 전후부흥을 목적으로 아버지는 사업을 시작했다. 자택과 같은 터에 목조건물이 있었는데, 이것이 작업장이었다. 어릴 적 집과 작업장이 구분되지 않는 나에게 공장은 놀이터이기도 했다. 철이 들었을 때부터 나는 장래에 부모님의 뒤를 이어야 한다고 생각했다. 내가 사회인이 되기까지의 성장기를 떠올려 독자 여러분에게 소개하고 싶다.

영양실조로 죽을 뻔한 어린시절

진주만 공격으로 일방적인 승리를 하고, 반년 후 미드웨이 해전에서 정찰기가 적고 레이더 장비가 없었던 일본해군은 정보 부족과 상황을 잘못 판단하여 대패했는데, 바로 그날이었던 1942년 6월 4일에 나는 태어났다. 어머니는 8남매 중 맏아들에게 시집와서 세끼 밥과 빨래를 모두 도맡아서 해야만 했다. 전쟁 전까지 이토 가문은 농민이었지만, 농작물 등 대량의 전쟁 공출 때문에 식량이 충분하지 않았다. 어머니는 과로로 모유가 나오지 않아 굶주림에 우는 나로 인해 시어머니에게서 늘 혼났다고 한다. 나와 누나를 안고 근처 간사이선 철로에 몇 번씩이나 뛰어들려고 했다고 한다.

미음만 먹었던 나는 앙상한 데다가 피로까지 겹쳤고 마침내 복막염으로 입원하고 말았다. 어머니는 입원한 야스이 병원장(나의 동급생의 부친)으로부터 "불쌍하지만 스미오는 영양실조로 살아나지 못한다."라고 들었다. 올해 78세가 된 나는 지금도 골프를 싱글 핸디로 도전할 만큼 체력이 남다르지만, 유아기의 영양 부족과 성인 후의 건강은 별로 관계가 없다고 생각한다. 영양실조의 영향일까, 나는 3살 중반이 되어서야 제대로 걷고 말할 수 있게 되었다고 한다. 만년 설사를 한 내 엉덩이를 돌보느라 애를 먹던 어머니에게 "마유미네 고양이는 좋겠네."라고 말하면 어머니는 왜 그러냐고 물어보셨다. "똥을 여러 번 싸도 엉덩이를 닦지 않아도 되니까!"라고 대답하면서도 이렇게 말하면 분

선진 국가로서 제조업의 역할

명히 어머니가 웃을 것이라고 생각했다. 이렇게 나는 어려서부터 농담을 잘 했고 장난기가 많은 아이였다.

6세 생일에 어머니는 "내일은 너의 생일이니 무엇을 먹고 싶은지 말해봐."라고 물으셨다. 단술이나 식혜를 먹고 싶다고 대답할 것을 예상했을 어머니에게 나는 감자를 배불리 먹고 싶다고 말했다. 날마다 자식에게 충분한 식사를 주지 못할 때여서 어머니는 눈물을 글썽였던 것 같은데, 이것도 나의 책략이었다. 초등학교에 입학했던 시절에는 나의 체력이 2년 정도 늦어졌다고 느끼고 있었다. 걸음이 느리고 마음이 여린 나는 종종 여학생들에게 맞아 울고 돌아오는 날이 많았다. 그럴 때 엄마는 격노했고, 파리채를 가지고 가서 그 여학생을 때리고 오라고 진심으로 말하곤 했다.

이런 기질을 가진 어머니의 친정집 조상은 무사였던 것이다. 어머니는 돗토리 현의 구라요시 출신으로, 안채의 니시무라 가문의 곳간에는 창이 80개, 칼이 대소 120자루 이상, 장검도 30자루가 있었다. 하지만 제2차 세계대전 전에 무기를 제작할 재료가 부족하여 가정에 있는 대부분의 금속제품을 공출해갔다. 모기장을 칠 때 필요한 놋쇠로 만든 둥근 고리까지 공출해 여름이면 매일 밤 줄로 시간을 들여 모기장을 치곤 했다고 한다.

초등학교 2학년 때
배우지도 않은 계산이 되었다

전쟁 중에 태어난 우리 세대는 관청에서 '많이 낳아서 인구를 늘려라!'라는 호령이 떨어져서 현재의 2배 이상의 아기가 출생했다. 게다가 욧카이치 시내는 90% 이상 폭격을 받아 허허벌판이 되었기 때문에 학교가 매우 부족했다. 내가 다니는 중부초등학교는 욧카이치의 중심부에 있었는데, 마을 근처의 개울에는 물고기와 새, 곤충이 많아서 하교할 때는 낚시를 하거나 벌레를 잡으면서 놀곤 했다.

내가 초등학교 2학년 때인 1950년에는 한 반에 현재 학생 수의 약 2배인 56명의 학생들이 북적거렸다. 조례할 때 한 명씩 차례대로 문제를 내고 누군가 답하는 행사는 담임인 와타나베 츠네 선생님의 아이디어였다. 예를 들면 "어머니에게 20엔을 받았습니다. 군고구마를 두 개 샀더니 16엔이었어요. 그러면 거스름돈이 얼마예요?"라고 말하는 식이다. 또는 "반장이었던 모오리 에이지가 어제 9엔짜리 찐빵을 9개 샀습니다. 총 얼마예요?"라는 문제를 내셨나. 모두가 손을 들어 55엔이라는가, 78엔이라든가 하면서 적당하게 대답했지만, 나는 81엔이라고 알고 있

▲ 마음이 강한 아이로 길러주신 부모님

▲ 초등학교 2학년 옛 친구들(상단 중앙이 필자)

었다. 부끄러움이 많았던 나는 용감히 손을 들어 발표하지는 않았지만, "왜 잘못 대답하는 걸까?"라면서 의아해하곤 했다.

　와타나베 츠네 선생님께서는 "이건 어려운 문제다. 내년이면 구구단을 배우니 지금은 대답할 수 없어도 좋다."고 말씀하시곤 했다. 그러면 소극적인 내가 조심스럽게 손을 들었는데, 선생님은 "스미오군, 너도 그렇겠지?"라고 틀림없이 생각하셨을 것이다. 그러나 내가 81엔이라고 대답하자, "스미오군, 누나가 구구단을 가르쳐 주었니?"라고 물으셨다. "아뇨, 구구단은 몰라요.", "그럼 어떻게 계산했니"라고 선생님께서 물으셔서 나는 "9+9는 18이고, 더하면 5, 6번이나 세어서 계산이 어려워지니까 9엔의 만두를 10엔으로 90엔에 했습니다. 하지만 1개에 붙은 1엔씩 여분으로 계산했으므로 90엔에서 9개의 9엔을 뺏습니다."라고 설명했다. 나로서는 어려운 계산을 했다고는 생각하지 않았지만, 와타나베 선생님은 말문이 막힌 것 같았다. 나중에 학부모회에서 이런 계산을 할 수 있는 2학년생이 있다고 말해서 화제가 되었다고 한다. 이 일은 초등학교에 들어와 부모님께 처음으로 칭찬을 받은 일이었다.

스토리로 기억하는 기술은 누구나 가능하다

옛날에 NHK에 다카하시 게이조라는 인기 아나운서가 있었다. 우리 연령대라면 누구나 아는 인기 TV 프로그램 '나의 비밀'의 초대 진행자이다. 이 프로그램은 미국의 인기 프로그램인 'MY SECRET'의 일본판이라고 비유되면서 1955년부터 12년간 계속되었다. 고입시험 공부를 하던 어느 날, 기억술의 명인이 등장했는데, 다른 사람이 읽는 25개의 물건을 모두 기억할 수 있다고 했다. 나는 옆에 있던 어머니에게 "저 아저씨는 단 25개를 기억해서 TV에 나올 수 있어. 난 100개라도 기억할 수 있는데!"라면서 소리쳤다. 어머니께서는 "정말 네가 그럴 수 있겠니? 지금부터 해 보자."라고 말씀하셨다. 독자 여러분에게도 내가 중학교 2학년 때 어머니에게 설명한 수법을 소개하고 싶다. 이 수법을 사용하면 기억력에 자신이 없다고 생각하는 사람이라도 간단하게 30개 정도는 틀림없이 기억할 수 있을 것이다.

먼저 다른 사람에게 무엇이든 좋으니 사물의 이름을 불러주고 다른 사람은 그것을 메모한다. 예를 들면 "아파트, 전신주, 사과, 트럭, 소방차, 눈사람, 시계, 이온상점, 사촌, 지갑"이라고 한다. 이런 10개의 단어를 문자로 외우는 것은 매우 어렵다. 그래서 여러분 나름대로 스토리로 만들어 보자. 우선 이것을 그림의 이미지로 기억한다. 한 번 기억하면 그 장면을 리셋하는 것이 중요하며, 이로 인해 다음 장면이 기억하기 쉬워진다. 그 다음에는 이 스토리를 자신의 방식으로 순서대로 만들어 보자. 예를 들어 '아파트 옆에 전신주가 서 있었다. 웬일인지 그 기둥 위에 사과가 놓여있었다. 사과가 바람에 날려 트럭에 떨어졌다. 그 트럭은 조금 달려 소방서에 도착했다. 소방차가 출동한 곳에는 웬일인지 눈사람이 놓여 있었다. 눈사람이 녹자, 시계가 나왔다. 그 시계는 이온상점에서 팔고 있었다. 이온상점에는 사촌이 근무하고 있었다. 사촌은 늘 지갑을 들고 다녔다.'와 같이 스토리를 만들어서 기억한다.

이 스토리는 여러분이 기억하기 쉬운 장면으로 만들면 좋다. 기억력에 자신이 없는 사람도 간단하게 할 수 있으므로 한 번 시험해 보자. 또한 '지갑을 가진 사촌은 이온상점에 근무하고 있었다. 이온상점에서는 시계의 바겐세일을 하고 있었다. 그 시계는 눈사람에게 들어가 있었다. 눈사람에게 소방차가 왔다.'라고 떠올리면서 반대로도 대답할 수 있다. 이러한 수법을 사용해서 모르는 분에게 시연하면 분명히 존경받을 것이다.

해외에 대한 동경, 구미 소녀에게 펜팔을 신청하다

1950년대에 들어서 나의 놀이영역은 점차 확대되어 동양방적 등 큰 공장이 불탄 자리를 탐험하고, 들판과 시냇물이 놀이터가 되었다. 성냥과 간장을 가져가서 잡은 생선과 새우, 게를 즉석에서 구워 허기를 채우는 한가로운 시절이었다. 신문을 볼 수 없었기 때문에 저녁부터 라디오를 듣는 것이 즐거움이었다. 당시 라디오에서는 한국전쟁의 경과와 함께 트럭이나 지프차 수리를 미군으로부터 대량으로 수주했다는 뉴스가 나왔던 것으로 기억한다. 자위대의 발족, 수에즈운하 위기, 바르샤바 조약 등의 말을 여러 차례 들었지만 의미를 전혀 알 수 없었다. 다만 이런 정보는 NHK가 해외 방송사에서 얻은 정보인지, 현지에 일본인이 주재하면서 얻은 것인지 궁금했다.

음악은 프랭크 시나트라, 레이 찰스 등의 곡을 가사의 뜻을 이해하지 못하면서도 흥얼거릴 정도로 여러 번 들었다. 그 무렵 고급 자동차를 자주 보았다. 그것은 모두 미국의 대형 승용차여서 어린이들에게 굉장한 기술을 가진 '미국'이라는 나라에 끌렸다. 확실히 나는 해외 사정에 남다른 관심을 가진 아이였다. 해외를 알려면 영어가 필요하다고 생각했지만, 당시 나에게 영어 책이라고는 《Jack And Betty》라는 교과서뿐이었다. 해외 사정을 아는 방법으로 펜팔이 있었는데, 필자는 가끔씩 펜팔책에 주소가 소개되어 있던 서구의 7명의 소녀들과 펜팔로 편지를 주고받았다.

중학교 3학년의 영어 실력으로는 엉뚱한 행위였다. 하지만 펜팔로 처음 쓴 편지에서 일본에는 영어잡지나 신문이 없으므로 헌잡지 등을 보내 달라고 썼더니 미국 오리건 주의 도로시와 호주 시드니의 제인이 무더기로 잡지를 보내왔다. 나는 한 페이지의 단어를 찾기 위해 1시간 넘게 사전을 뒤지곤 했다. 세뱃돈으로 산 오다자네의 저서《뭐든지 봐주자》는 전 세계를 떠돌면서 여행한 것을 소개한 책이었는데, 이 책을 여러 번 반복해서 읽으면서 큰 영향을 받았다. 그 무렵에는 단지 펜팔을 하는 것뿐만 아니라 어느 나라라도 좋으니까 가보고 싶다는 억제할 수 없는 감정이 싹트기 시작했다.

사회에 나가서 몇 년 후 일에 조금 여유가 있을 때쯤 3명의 펜팔친구에게 펜팔로 근황을 보고했다. 그들 중 유독 미국 오리곤 주의 도로시로부터 답장이 온 것에 크게 감격했다. 나는 반년 뒤 미국에 갈 계획이 있어서 나이아가라에서 만나기로 하자는 약속을 적은 메일을 썼다. 방미의 목적은 무어의 지그 그라인더의 도입이었다. 시찰여행의 마지막 날에 포드 사를 방문했을 때 무엇이든지 사내에서 생산하는 것보다 자원이나 기술에 집중하는 것이 좋다고 생각했다. 참가자 중에는 "역시 포드는 하는 일이 다이내믹하다."고 소감을 밝히는 사람도 있었다. 이후 제

▲ 기억술을 고안한 중학교 시절의 필자(오른쪽에서 두 번째)

▲ 나이아가라에서 펜팔 친구 도로시(왼쪽에서 두 번째)와 대면한 모습

철 부문은 떼어냈다는 소문을 들었다. 당시 환율을 고려해 보면 해외 출장비는 기업으로서 큰 부담이었지만, 그 이상으로 얻는 것이 많았고, 이후 정기적으로 해외로 나가고 싶은 욕구가 더욱 강해졌다.

제8장 경영자로서의 이토 스미오가 되기까지

욧카이치상고에 진학 후
고교 최강 농구부에 입단하다

어릴 적 아버지가 지인과 이야기를 나눌 때 귀를 종끗 세우고 듣다 보면 "좋은 후사가 있네!"라는 이야기를 자주 들었다. 그래서인지 자신의 장래 희망이 어떻든지 간에 어릴 때부터 부모의 뒤를 이어야 한다고 각오했다. 하루 종일 일만 생각했던 나의 아버지를 친구들의 아버지와 비교해 보면 무척 엄격하셨다. 내가 스스로 말을 걸었던 기억이 없을 정도로 엄격했던 부자지간이었다.

중학교 3학년 여름, 어머니와 진로 상담을 하고 있는데, 옆에서 듣고 있던 아버지가 무조건 요카이치상고로 진학하라고 소리쳤다. 아버지는 보통의 고등소학교(요즘의 중학교)만 나왔기 때문에 "자신은 읽고 쓰는 것과 주산을 잘 못한다."고 자주 말씀하셨다. 산수와 이과 영어는 늘 5, 국어와 사회는 3이라는 성적을 거두던 나는 공고에 가고 싶었다. 하지만 아버지는 고등학교에서 가르치는 정도의 기술은 내가 가르쳐 주겠다고 주장하셨다.

당시의 욧가이치상업고등학교의 졸업생 급어는 현내에서 최고였던 것 같다. 그래서 우리보다 연장 세대나 아버지 세대는 욧카이치상고를 매우 동경하고 있었다. 당시는 부모의 반대를 무릅쓰고 지망 학교에 갈 엄두도 못 낼 때였지만, 나로서는 가고 싶지도 않은 고등학교에 강제 입학한 기분이었다. 또한 소문 이상으로 규율에 엄한 교풍에도 질렸다. 이것도 안 되고, 저것도 안 되는 등 거의 모두 안 되는 것이 많았지만, 결과적으로는 그것이 나를 '착한 아이'로 만들어 주었다고 생각한다. 학과에 흥미가 생기지 않았기 때문에 스포츠에 힘을 쏟기로 하고, 연속으로 7년간 인터하이대회에 출전하고 있던 최강의 농구부에 가입했다. 키 166cm였던 내게는 어울리지 않는 운동이었지만, 동료들도 거의 비슷한 키였다. 매일 연습 전에 8km를 달릴 정도로 농구부의 강함은 스태미나에 있었다. 이것이 경기에서는 전반 10점 정도의 핸디였다면 후반에 남은 체력으로 휘저으며 반드시 승리했다.

1959년 9월, 고 2때는 전후 최대라고 한 이세만 태풍을 경험했다. 공장의 피해가 막대하여 일단 대학교 진학을 포기했지만 학기 말인 3월에 다시 진학을 결심했다. 그러나 인문계 고등학교에서 배운 아이들과의 학력차는 비교가 안 될 만큼 컸다. 그 차이를 극복하기 위한 공부 시간이 필요해서 농구부장에게 퇴부를 신청했지만, 예상대로 안 된다는 말이 돌아왔다. 3학년이 되어 주전 선수로 인터하이대회의 출전을 노리는 이 시기에 다른 누군가가 퇴부를 신청하면 나라도 화가 날 것 같았다. 내가 어렸을 때 버마(현 미얀마)전선에서 복귀한 삼촌은 "많은 전우가 전사했는데, 나만 돌아왔다. 정말 전우들에게 미안하다."라고 자주 이야기하셨고, 매년 야스쿠니 신사에 참배하였다. 체격이 약했던 삼촌은 운전기사로 트럭을 타고 후방 지원을 했지만, 그래도 괴로워서 가족에게도 말하고 싶지 않다고 했다. 내가 농구부를 퇴부했을 때의 괴로움과는 비교가 되지 않을 만큼 힘든 전쟁 체험자의 마음이었을 것이다.

하루 6시간 수험 영어를 공부해 리츠메이칸대학교에 입학하다

60년 전 여름이라고 하면 폭염과는 무관한 날씨였다. 내 기억으로는 그 당시 최고 기온은 32℃ 정도여서 추석이 될 무렵에는 추워서 수영을 못했다. 물놀이를 좋아하던 내 친구들은 떨면서 입술이 새파랗게 질려 수영했던 기억이 난다. 이세만 태풍이 덮치기 직전의 여름휴가였다. 나는 아버지가 기분이 좋아 보일

때를 노리고 "대학교 시험을 쳐도 괜찮을까요?" 하고 조심스럽게 물어보았다. 당연히 "노!(No)"라는 답을 예상했지만, "왜 대학에 가고 싶어?"라는 의외의 질문을 하셨다. 나는 예상 외의 물음에 무심코 "장래에 회사가 커지면 대졸자가 입사할 수도 있으니 사장이 고졸이면 직원들이 비참해질까 봐서요."라고 대답한 게 고작이었다. 아버지는 시험은 한 번만이고 재수는 없다는 조건으로 한판승부의 대학 입시를 허락했다. 나도 모르게 '해냈다!'는 생각이 드는 동시에 상고로서 불리한 입시 공부에 큰 불안감을 느꼈다.

상고에서는 3학년이 되면 종이판으로 인쇄한 보의지폐와 수표를 이용한 은행 실무 연습, 부기회계 자격시험에 대비하여 막대한 양의 부기작업과 주판계산 등의 수업만 했다. 그래서 책상 밑에 사전을 숨기고 선생님 모르게 영어공부를 했는데, 곧 선생님께 들키고 말았다. 쿠와바라 선생님으로부터 "스미오군, 부업만 하고 있네! 기말시험에서 성적을 내지 못하면 졸업할 수 없어!"라고 위협을 받았다. 하지만 이것은 진학하지 않는 많은 학생을 생각하여 배려하는 말로 이해했다.

시험 직전까지 농구부에서 땀을 흘렸고, 농구를 그만둔 후에는 오로지 숨은 공부를 했기 때문에 쿠와바라 선생님의 예상대로 기말시험의 결과는 330명 중 273등이라고 하는 찬란한(?) 성적을 거두었다. 수업을 포기했다고 하지만 정말 비참한 성적이었다. 하지만 "나보다 50명이나 아래에 있나?"라고 놀라면서 의아해했다.

무역과에서 학생회 부회장을 지낸 우수한 K군도 진학을 목표로 했다. 교무실에서는 K군이라면 도시샤대학교나 리츠메이칸대학교에 합격할 것이라고 예상했던 것 같다. 결과적으로 리츠메이칸대학교에 12명이 응시했지만, 합격한 사람은 나 혼자였다. 나중에 농구부 후배로부터 "이토 선배, 교무실에서는 우리 학교 270등 성적의 학생이 입명관에 합격했다고 으스대더라."라고 하는 말을 듣고 다소 복잡한 생각이 들었다.

합격한 이유를 분석해 보면 영어의 비중이 높다고 하니 매일 6시간 정도 영어공부 계획을 세우고 자습했던 것이 적중했던 것 같다. 입명관은 라이벌 동지사에 영어 실력으로 이기기 위해서 창설된 'A 클래스'가 있고, 경제와 경영학부는 총 1,800명의 입시 영어성적 상위 60명이 선정되었다. 그러나 내 현역 중에 동지사와 영어 실력을 겨룰 만한 행사는 없었다. 영어자습 특훈을 실시한 것은 200일 정도였지만, 이 무렵에 쌓은 단어 실력이 지금도 해외 활동에 큰 도움이 되고 있다. 졸업 후 반세기 이상

204
선진 국가로서 제조업의 역할

지난 지금, 5년 정도 해외 주재원들의 영어 실력과 비교해 보면 현지에서 익숙해진 이들을 이길 수는 없지만, 어휘력에서는 앞선 것 같다. 젊었을 때의 노력이 중요하다는 것은 바로 이런 것이라고 생각한다.

궁도부 입단 후 갑옷을 꿰뚫을 정도의 화살에 충격을 받다

1961년에 나는 리즈메이칸대학교의 경영학무의 제1기로 입학했다. 낯을 가리고, 소심하며, 내성적인 성격이었던 나는 이래서는 사회에 나와도 통하지 않는다고 스스로 분석하고 있었다. 현재의 명랑하고 호쾌한 나를 아는 자는 이 말을 믿지 않는다. 그러나 옛시절의 나를 아는 옛 친구들은 "스미오, 너는 옛날보다 너무 많이 변했구나!"라는 말을 자주 한다.

대학교를 졸업할 때까지 나의 성격을 바꾸고 싶어서 운동부에 들어가는 게 낫다고 생각했다. 중·고교에서는 농구부에서 활동했지만, 대학교의 운동클럽에서는 기술과 체격이 모두 갖춰지지 않으면 무리였다. 따라서 체격이 핸디캡이 되지 않는 서

클을 찾기로 했다. '스키, 산악, 승마, 펜싱, 역도 등일까?'라고 생각하면서 학교 건물 근처에 있는 교토 어소를 걷고 있었다. 그런데 "에이!", "타!" 등 고쇼의 건물에서 큰 소리가 많이 들려와서 자연스럽게 그쪽을 향해 걸어갔다. 그 건물은 궁도장으로, 안에서 2명이 나와 있었다. '고쇼'라는 전통이 있는 환경에 조끼

▲ 욧카이치상고 시절의 필자　　▲ 리츠메이칸대학교 시절의 필자

와 하의를 입은 두 사람의 모습은 정말 멋있었다.

나와 눈이 마주치자 그들은 다짜고짜 1학년인지 물었다. 그들은 사실 리츠메이칸대학교의 궁도부원들이었다. 그들은 관심 있으면 보고 가라고 다정하게 말해주었는데, 그것은 나를 권

유할 목적이었던 것이다. 옛날에 밀정처럼 화살이나 수리검을 가지고 놀았던 나는 목표를 조준하는 것과 완력에 자신이 있었기 때문에 그 자리에서 바로 입단했다.

사촌형 이토 카츠와는 하숙집에서 함께 청춘을 이야기한 사이였다. 하숙집에 들어가자, 나는 사촌 형에게 궁도부에 들어갔지만 꼭 주장이 되어 뛰겠다고 선언했다. 리더가 되려면 하급생 때 상급생에게 얼마나 인정받아야 하는지 알고 있었다. 주장이 되려면 기량뿐만 아니라 밝고, 때로는 배려심을 가지면서 강력하게 리드할 수 있는 수완 등을 갖춰야 한다고 생각했다. 3학년의 여름에는 고지성 내의 궁도상에서 합숙하였는데, 그 부렵에 나는 주장에 임명되었다. 사촌형 이토 카츠는 욧카이치고등학교의 검도부에서 주장을 맡아 미에현 대회에서 개인 우승이라는 실적을 가지고 있었다. 나는 궁도부에서 2학년 첫 경기부터 4학년 가을까지 모든 공식 경기에서 활약했고, 4학년 때 승단 시험에서는 4단을 땄다. 8단의 미하라 노리요로부터 "이토의 강한 화살은 갑옷을 꿰뚫는다."라는 칭찬의 말을 들었다.

나로서는 동아리 활동을 통해 사회에 나가 무엇이든지 할 수 있다는 자신을 얻은 것이 훨씬 의미 있었다. 궁도부 시절에 나 자신의 성격을 바꾸고 호응을 얻은 지 반세기가 지났지만, 역시 타고난 성격은 모두 바뀔 수 없다고 종종 생각했다. 역 앞에서 택시를 잡을 때 수십 대의 차량이 손님을 기다리는 경우 근거리 승차로 타면 미안해서 일부러 신호등 건너편까지 걸어가 손님을 찾아 돌아다니는 택시를 잡는다. 그들은 그것이 일인데, 왜 사양하느냐고 말하는 지인들이 많지만 나는 차마 그렇게 할 수는 없다. 오랜 세월 조심스럽고 상대의 입장을 존중하는 행위가 좋은 결과를 가져온 적도 많았다. 특히 해외에서의 배려나 대접은 일반적이지 않은 만큼 상대방에게 좋은 인상을 줄 수 있다.

나는 마음이 여린 것이 아니라 배려하는 것이라고 잘라 말한다. 친한 친구는 "이토군은 배려심이 많아."라고 말들 하지만 꽤 심한 말도 한다고 듣는다. 만약 직원이 업무상 큰 문제나 실수를 했을 때 호되게 꾸짖지 않는 것은 이미 스스로 깊이 반성하고 있기 때문이다. 내가 큰 소리로 주의를 줄 때는 "사람으로서의 도리를 벗어난 행위를 했을 때뿐"이라고 항상 마음에 두고 있다.

어머니께 걱정을 끼치고 싶지 않았던 대학생활

어릴 적 내가 영양실조에 걸려서 불쌍했던 탓일까? 나는 어머니에게서 깊은 애정을 느끼면서 자랐다. 어머니께서 도쿄는 멀어서 걱정하셨기 때문에 집에서 차로 2시간 이내에 갈 수 있는 교토를 선택했다. 나는 어머니에게 "학비 이외의 비용은 15,000엔으로 합니다. 게다가 4년간은 용돈을 인상하지 않겠습니다."라고 선언했다. 이것은 당시의 평균치보다 훨씬 적은 액수였다. 왜냐하면 ① 학창시절에 사치해서는 안 된다. ② 사장의 아들로 생각될 정도의 금전 감각은 좋지 않다. ③ 예산 내에서 돈을 잘 쓰고 싶다. ④ 용돈 인상을 요구하면 어머니로부터 좋지 않은 유흥을 한다는 의심을 받을 수 있다고 생각했기 때문이다. 이처럼 돈 관리면에서 나 자신에게 엄격했던 것은 사회인이 되고 나서도 큰 도움이 되었다.

도쿄올림픽을 2년 앞두고 2학년이 된 나는 봄부터 궁도부 정규 선수가 되었다. 올림픽 특수경기 때문에 물가는 꾸준히 오르고, 대외적인 경기의 교통비가 늘어나면서 학교식당의 식사조차도 비싸게 느껴졌다. 엄살 부리는 것을 싫어한 나는 어머니에게 용돈 인상을 요구하지 않겠다고 다짐했다. 그래서 생각한 수

단은 2살 된 귀여운 조카가 보고 싶으니까 교토로 데려오라고 애원하면서 오는 길에 쌀과 된장, 간장을 가득 싣고 오라고 부탁한 것이다. 쌀과 된장을 졸라대는 것은 용돈 인상을 요구한 것이 아니라고 나 자신을 납득시켰다. 주위에서 '요리를 잘하는 이토상'이라고 오래전부터 듣고 있지만, 이것은 이 무렵에 얻은 요리기술이다.

값싸고, 건강하며, 맛있는 음식을 만들려면 폭넓은 아이디어가 필요하다. 제조에 몸담게 되고, 요리에서 고안해 낸 기술이 혼신의 힘을 기울인 제조 기술에도 큰 도움이 되고 있다고 해도 과언이 아니다. 냉장고에 있는 식재료로 단시간에 맛있게, 영양가를 생각하면서 요리해 온 것은 현재의 원가 절감이나 개선 활동의 기술과 닮은 것 같다. 자택에 초대한 사원 중에는 설거지만 할 수 있는 사람들이 많지만, 일 이외에도 배려나 무엇이든지 해 보려고 하는 사고방식이 필요하다고 전하고 싶다.

3학년 때 주장이 되었고 리그전에서 강적에게 승리했을 때 후배들에게 맥주를 사면서 지갑은 빈털털이가 되었다. 그래도 용돈 인상을 용납치 않았던 나는 가정교사로 일하면서 겨우 빚 없는 생활을 했다. 4년간 믿을 수 없는 구두쇠 생활을 하고 나니 사회인이 된 후 이런 행위가 폐해가 되지 않을까 걱정했는데, 괜찮았다. 만약 내가 혼자 노래방에 가서 5,000엔을 쓰면 지금도 아깝다고 생각하지만, 고객과 고급 클럽에 가서 20만 엔을 내고도 아깝다고 느끼지 않기 때문이다.

이토제작소에 입사, 기술자가 되고자 기계공학과에 편입학하다

대학교 졸업이 가까워졌다. 사회인이 되면 좋아하는 스포츠나 놀이를 할 수 없게 된다고 생각하니 하다만 일들이 차례차례 떠올랐다가 사라져서 쓸쓸함과 불안으로 가득 찼다. 졸업 후에는 선친이 이토제작소에 새롭게 금형을 제작하는 부문을 설립했기 때문에 금형 제작과 관련된 회사가 좋다고 생각해서 금형과 연마기를 만드는 '닛코기계'에 지원하여 합격했다. 문과 출신이라 배속처는 영업이나 경리부로 내시를 받았지만, 나는 금형 부문에의 배속을 부탁했고 마침내 양해를 얻었다.

닛코기계는 본사가 요코하마 시에 있는 평면 연삭기의 톱 메이커였다. 당사가 금형 제작 부문을 설립했을 때 평면 연삭기 1대와 성형 연마기 3대를 발주한 관계여서 당사의 신입사원을 3

개월 남짓 맡아줄 만큼 친절한 회사였다. 그런데 졸업을 1개월 앞둔 1965년 2월 초순, 교토의 하숙집으로 1통의 등기속달이 도착했다. 거기에는 회사의 실적 악화로 법정 관리에 들어갔기 때문에 신입사원 전원의 채용을 중단하게 되었다는 충격적인 내용이 적혀 있었다.

그때는 시시때때로 불경기 때문에 취업난 소리를 듣던 시절로, 대학교의 진로지도과는 멈춰 있었고 일자리를 구하기는 전혀 불가능했다. 이리하여 나의 취직 업체는 본의 아니게 선친이 경영하는 이토제작소로 결정되었다. 고참 사원들이 "교토에서 도련님이 돌아왔다."라고 생각하는 것이 싫어서 다른 회사에서 공부를 겸해서 취직하고 싶었지만 그럴 수 없게 되었다. 그래서 입사 전에 나고야공업대의 기계공학과에 다니고 있던 사촌동생 오사다 코오이치를 자택에 머물게 해 2개월간 수학과 물리를 열심히 공부했다. 그 결과, 4월에 메이조대학 이공학부 기계공학과 야간 2학년 편입시험에 운좋게 합격했다. "이것으로 기술자가 될 수 있어. 회사의 기술자들에게 외아들 도련님이라고 듣지 않게 되었어."라고 생각한 것이다.

매일 오후 5시에 일을 끝내고 나고야 시 나카무라 구에 있는 학교 건물에서 강의를 들은 후 자정에 귀가하는 날들이 계속되

선진 국가로서 제조업의 역할

▲ 리츠메이칸대학교 궁도부 시절의 필자　▲ 이토제작소 입사 당시의 필자

있다. 주말에는 시간이 많이 필요한 실험 등을 하기 위해 등교했기 때문에 좋아하는 스포츠를 전혀 할 수 없었다. 이웃들은 매일 이전의 나의 행동을 알고 "이토가문의 아들은 건달"이라고 생각했던 것 같다. 결국 일과 영업상의 교제로 바빠지면서 4학년인 9월에 자퇴했지만, 당시 대학교에는 금형에 대한 문헌이나 교과서 같은 것은 하나도 없었다. 그래서 결국 근성을 다진 것이 유일한 수확이었다고 체념하였다.

19년 동안 장기간에 걸쳐 부모님으로부터 도움을 받은 이상, 사회에 나가서 보답하고 도움이 되고 싶었다. 그러나 어디를 둘러봐도 나를 교육시켜 줄 만한 폭넓은 지식을 가진 간부 사원은 없었다. 아버지의 지시를 듣고 오로지 물건 만들기에만 매달리면서 성실하게 일하는 기술자들뿐이었다. 그 무렵에는 어떻게 해야 사원들이나 거래처 고객들로부터 "젊은 친구가 열심히 노력하고 있구나!"라고 생각할 수 있을까를 고민하는 데에만 노심초사했다.

제9장

아머지에게서 배운 사회학과 경영

선친에게서 이토제작소의 경영을 물려받은 지 어언 35년이 지났다. 아버지의 어깨너머로 배운 모노즈쿠리의 방향타잡이 역할은 계속해 왔지만, 정신을 차려보면 당사자인 내가 여러 가지 입장에서 '아버지'에게 의지하는 것들이 많아졌다고 생각한다. 마지막 장에서는 다음 시대에도 통용되는 '아버지상'을 정리하여 전하고 싶다.

아버지의 조언 1
좋아하지 않는 사원에게 먼저 말을 걸어라

입사한 지 몇 년이 지났을 무렵, 일이 끝나고 아버지께서 장

작난로를 쐬면서 나에게 말을 걸어오셨다. 늘 말이 없는 아버지답게 "스미오! 너는 마음에 드는 직원들하고만 말하는데, 마음에 안 드는 직원에게 먼저 말을 걸도록 해!" 마음에 드는 직원과는 말을 안 해도 문제 없다는 주의를 받아 나는 흠칫 놀랐다. 분명히 나는 그렇게 하고 있었기 때문이다. 당시에는 연락 수단으로 문자도 없었고, 대화만이 가장 중요한 소통의 수단이었다. 마찬가지로 "거북한 손님에게 자주 방문하라."고 말씀하셨지만 나는 귀찮다고 생각했다. 마지못해 방문 횟수를 늘렸는데, 의외로 좋은 결과가 나왔다. 내가 싫다고 생각하는 사람은 상대방도 똑같이 생각하는 것이었다. 다른 사람이 접근하지 않는 고객의 담당자를 방문했더니 귀여움을 받으면서 상대방이 신경을 써 주어 좋게 영업활동을 할 수 있었다. 그때마다 나는 오랜 세월 경험한 아버지께서 "상당히 좋은 말을 하셨구나!"라고 생각하곤 했다.

취임 전 이런저런 화제가 많았던 트럼프가 대통령이 된 지 몇 달 뒤 총리보좌관과 나고야에서 함께 식사를 하면서 아베 총리와 트럼프 대통령은 잘 지낼 수 있지 않느냐고 물었다. 그러자 그에게서 트럼프는 그렇게 만만하지 않다는 말을 들은 것 같았다. 내가 그렇게 생각한 이유는 아베 총리가 언론과 야당의 반복된 심한 질문에도 침착하게 대응하고 있었고, 외유 중 아무리 어려운 상대라도 온화한 얼굴로 말을 건네는 것을 목격했기 때문이다. 이것은 아베 총리의 타고난 재능이지만, 나는 부모로부터 지도를 받았어도 흉내낼 수는 없었다. 이때마다 "싫어하는 녀석이라고 생각되는 사람에게 먼저 말을 걸어라."고 가르쳐 준 아버지가 생각났다.

전 세계로부터 야유를 받거나 어떤 날은 발언이 180도 바뀌는 트럼프 대통령은 정치가로서 좋고 나쁨을 현재는 판단할 수 없다. 또한 아베 총리가 트럼프 대통령과 좋은 관계를 갖는다고 해서 국익에 도움이 될지, 아닐지는 알 수 없지만, 전 세계적으로 그는 주목받는 정치가임에는 틀림없다.

아버지의 조언 2
직원이 좋아하지 않는 일을 해라

대학교를 졸업하고 입사했을 무렵부터 사원이 좋아하지 않는 일을 적극적으로 하려고 마음먹었다. 사장의 아들이기 때문에 편한 일을 한다고 사원들에게 듣고 싶지 않았기 때문이다.

제9장 아버지에게서 배운 사회학과 경영

욧카이치 시에서 9km 떨어진 공단으로 회사가 이전하면서 통근용 마이크로 버스를 도입했다. 그 무렵에는 야간대학에 다니면서 매일 심야에 귀가했지만, 새벽에 기상해 3년간 마이크로 버스를 몰았다. 1946년(쇼와 21)에 버마(현 미얀마)로부터 복귀한 숙부 이토 마사루(당시 40대 중반)가 나의 일상을 보고 안쓰러웠던지 운전을 교대해 주었다. 추운 날 세차는 힘든 일이었지만, 이것은 현재도 계속되고 있다. 내가 타는 차의 세차를 직원에게 부탁한 적은 한 번도 없었다. 하지만 나이가 들수록 끈기가 없어져서 이제는 누군가에게 부탁할까 생각하고 있다.

직원들이 싫어하는 일은 매우 많지만, 이것을 스스로 솔선수범하면서 인내와 경험이 생겼다. 이런 행동을 사원들이 인정해서였는지는 모르지만, 입사 7년 만에 전체 사원들은 나를 '전무'라고 불렀다. 친한 연장자 사원에게 운전기사와 허드렛일만 하는 내가 왜 전무냐고 물은 기억이 있다. 물론 사내에서 그런 인사발령이 나오지는 않았지만, 분명히 주위의 직원들은 내 말을 긍정적으로 진지하게 들어주게 되었다. 그때부터 아버지가 말했던 것 이상으로 사원을 소중히 생각하는 배려심도 한층 더 향상되도록 노력했다.

아버지의 조언 3
직원은 50명을 넘지 말아라

"사원은 50명 이상 고용해서는 안 된다. 너에게는 그 이상의 직원을 쓸 만한 경영 자질이 없다."고 아버지는 중얼거렸다. 아버지의 본의를 모르는 채 나는 알겠다고만 대답해 두었다. 당시에는 종기와 회사는 커지면 망한다고 했다. 스포츠와 취미가 많은 내가 회사를 크게 하면 좋아하는 일도 못 할 것이라고 생각한 부모님의 마음일 수도 있다. 결과적으로 정규직이 50명 이상 된 것은 40년 뒤인 2012년이었다. 아버지의 말씀은 우리 회사가 강한 회사가 된 이유 중 하나라고 생각한다.

나는 직원을 늘리지 않았기 때문에 매출액이 늘지 않아도 좋다고 생각하지는 않는다. 소수 인원으로 얼마나 매출을 늘릴지를 간부 사원들과 항상 고민했다. 1980년에는 NC밀링머신을 도입해 기술자들이 방대한 시간을 들여 다듬질 작업으로 완성했던 작업을 NC가공으로 전환했다. 다듬질사상 작업보다 훨씬 정밀도가 높은 금형의 성형부가 만들어졌는데, 이것이 정밀부품 수주로 이어져서 1인당 부가가치도 크게 늘었다.

1983년에는 과분할 정도로 고가인 CAD/CAM을 도입했고,

이듬해에는 100개의 가공용 공구가 장착된 머시닝센터를 도입했다. 당시에는 20개 정도의 툴이 표준으로, 구멍가공과 태핑가공, 절삭가공 등을 할 때마다 각각의 공구를 수동으로 교환하고 있었지만, ATC에 100개의 공구가 장착되었으면 공구를 교환할 필요가 없게 된다. 이 과정에서 공구의 교환 실수가 없어져서 '일품요리'라고 부르는 금형 부품의 야간 무인가공도 가능해졌다.

이러한 수법은 서서히 외부로 퍼져나가 매스컴 취재와 당사의 견학이 많아졌다. 금형이 완성되고 부품 가공은 프레스기로 한다. 1분에 50~100개 가공할 수 있는 프레스 기계가 주류였던 시절에 우리 회사는 700개를 작업할 수 있는 프레스 기계를 도입했고, 혼자 3대의 기계를 조작할 수 있도록 개선했다. 이를 통해 1인당 부가가치를 크게 높일 수 있었다.

컴퓨터 등의 소형부품을 제조하는 토치기 현에 있는 기술 제휴처 회사에서는 1분에 2,000개를

▲ 창립 35주년 식전에서 아버지와 아들 류헤

가공할 수 있는 프레스 기계가 있다. 일본의 고속 프레스 기계 메이커는 세계에서도 톱클래스로, 이러한 기계를 능숙하게 다루는 것만으로도 해외와의 원가 경쟁에서 우위에 설 수 있다. 이러한 이유에서 300명의 병사가 단발총을 갖게 하는 것보다 50명의 병사에게 기관총으로 무장하게 하면 후자가 승자가 될 것이다.

아버지의 조언 4
금형을 하라는 아버지의 결단력과 선견지명

이미 여러 번 언급했지만, 나는 이토제작소에 1965년 4월에 입사했다. 입사 전년도에 공단으로 이전해 영세 공장에서 완전히 탈바꿈해 꽤 회사의 모양새를 갖추게 되었다. 석유화학 콤비나이트가 입지한 욧카이치는 당시에는 미나마타와 함께 공해지역으로 불리면서 '욧카이치 천식'이 사회문제가 되고 있었다. 공장이 배출하는 연기가 천식의 원인이라는 판결이 나오면서 시민단체의 시위와 민원은 중소기업을 향했다. 당사는 놋쇠 주물을 생산했기 때문에 굴뚝에서 항상 아연 연기가 나오고 있었다. 아버지께서는 이런저런 고충을 겪으면서 자금 여유가 없었기 때문에 차입금으로 공단으로의 이전을 결심한 것이다.

한편으로는 이와 같은 시민단체 덕분에 욧카이치가 변모할 수 있었고, 환경이 좋은 마을이 되었다. 이제는 밤에 별이 보이고 욧카이치 항에서는 도미를 낚는다. 당시 욧카이치의 산업은 만고야키 도자기와 어망, 주물 등이었는데, 어망회사들의 절정기로 '가챠만(자판기)'이라고 불렀다. 이것은 어망기계가 한 번 '쾅' 하고 울리면 1만 엔을 번다는 뜻이다. 시내 카바레로 몰려가는 남편들의 절반 이상은 어망 관계자였다. 이런 시대에 당사는 어망기계의 소모성 부품인 셔틀을 생산하고 있었으므로 실적은 매우 안정적이었다.

입사 직후 아버지는 "너는 어망기 일은 안 해도 된다."고 갑자기 선언해서 깜짝 놀랐다. 아울러 "지금 하고 있는 기술은 조만간 한국이나 대만에서 대체할 수 있으니 이제는 금형이다. 금형의 기술을 향상시키면 모든 고객에게 접근할 수 있다. 기업의 수명은 30년이라고 말하지만, 시대가 요구하는 기술을 연마하고 있으면 영원히 존속할 수 있다."라고 말씀하셨다. 오랜 세월 해 온 자랑스러운 일을 아들에게 물려주고 싶은 것이 부모의 마음이겠지만, 나는 자식으로서 복잡한 생각이 들었다. 그러나 당사가 현재에 이르기까지 높은 기술력과 실적을 유지할 수 있는 것은 60년 전에 부친이 결단한 덕분이라고 생각하므로 감사함과 동시에 미래를 읽는 능력에 감탄하고 있다.

그 당시에는 순송금형의 참고서나 견본 등이 아예 없어서 수주할 때마다 연구하면서 만드는 더듬이 상태였다. 납품했다가 반품되는 것이 반복되어 이익이 나기까지 7년이 넘게 걸렸다. 어망기 부문의 고참사원들은 "아들은 돈벌이도 안 되는 일에 언제까지 열중할 것인가? 어망 부문의 일은 배우지 않아도 되는 것인가?"라면서 불만을 토로하곤 했다.

금형 제작의 계기가 된 폭격기 B-29 부품의 충격

추락한 미군기의 부품을 보고 금형의 필요성을 절감하는 사건이 있었다. 미군의 중형 폭격기 B-25가 처음으로 나고야를 폭격한 것은 내가 태어나기 두 달 전인 1942년 4월이었다. 항속거리가 짧은 비행기가 일본 동쪽 해상 1,500km 떨어진 모함에서 이륙하여 폭격한 후에 중국의 동해안에 착륙하는 작전은 항공모함까지 되돌아갈 연료가 부족하기 때문이었다. 이후에 사이판, 마리아나 제도를 장악한 미군은 이곳을 기지로 삼아 일본

전역에서 폭격을 개시했다. 1944년 12월부터 이듬해 4월까지 B-29 전략폭격기는 나고야에 일곱 차례의 대규모 폭격을 반복했다. 공습의 주요 목적지는 히가시 구의 다이코마치에 있는 미쓰비시 중공업의 항공기 엔진공장이었다. 나고야 일본적십자 병원의 주변에 일본 육군의 고사포 부대가 있었다고 들었는데, 어느 날 육군의 고사포탄이 1대의 B-29에 명중해 쇼와 구의 어기소에 추락했다.

근처 공장에서 근무하던 아버지는 서둘러 현장으로 달려갔다. 잔해를 보니 수많은 작은 부품들이 금형에 의해 만들어져 있었다. 미츠비시의 분공장에서 항공기 부품 제작에 종사하고 있던 아버지는 "내가 하루 종일 걸려 만드는 부품이라도 금형을 사용하면 5분 정도로 만들 수 있을 것이다. 군용기를 대량생산할 수 있는 미국과의 전쟁은 절대 이길 수 없다."고 생각하셨다. 대형 어망제조업체 기사로 기계 수리도 맡았던 아버지는 언젠가 독립해 금형을 만들고 싶다고 이때 결심하신 것이다.

욧카이치의 시오하마쵸에는 해군 연료소가 있었기 때문에 두 차례의 공습을 받아 시내의 90% 이상이 허허벌판이 되었다. 토종산업 중 하나인 제망업체도 당연히 큰 피해를 보았다. 어망기계의 복원에는 당사의 셔틀이 필요해서 아무리 셔틀을 생산해

▲ 당시의 어망기계

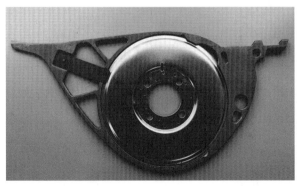

▲ 어망기계의 부품(셔틀)

제9장 아버지에게서 배운 사회학과 경영

도 따라잡지 못하는 상황이 10년 이상이나 계속되었다. 아버지는 전쟁 중의 결심을 기억했다. 그리고 토종산업인 주물이나 플라스틱 금형, 프레스금형 공장을 둘러보았다. 그때 마쓰시타전기산업(현 파나소닉) 협력공장을 견학하고 나서 눈이 번쩍 뜨였다고 한다.

프레스를 가공하면 제품이 아래로 떨어질 줄 알았는데, 스크랩이 아래로 떨어지면서 제품이 금형 안에서 성형되어 오른쪽에서 힘차게 튀어나오고 있었다. 이것이라면 대량생산이 가능하고 제품도 저렴해진다. 이 금형을 만들면 고객도 좋아할 것이라면서 순송금형 제작을 결심한 아버지는 이후 수시로 공작기계업체에 정보를 얻으러 가게 되었다고 한다.

잠깐의 기쁨

1964년(쇼와 39)부터 금형 제작을 개시하여 5년여의 시간이 흘렀다. 사업이 궤도에 올랐기 때문에 판매 확대의 필요성이 생겼으므로 나는 지인의 소개 등으로 신규 고객 방문을 가속화했다. 미나토 구에 있는 미츠비시 항공기 나고야 제작소에 적어도 월

세 차례 정도 방문하는 것으로 나에게 과제를 부여했다. 그 당시 나는 거래 계좌를 취득하지 못한 신분이어서 담당자를 만나기 위해 제공할 정보를 얻는 데 고생했다. 2년여의 벼락치기 영업으로 겨우 거래 계좌를 받을 수 있었다. 회사로 돌아와서 "아버지! 계좌를 받았어요."라고 소리쳤는데, 이것은 나의 영업활동 중 가장 기쁜 일이었다. 간단한 치공구나 부품을 수주한 지 2년 만에 개발 부문 연구공무과에서 주력 제품의 수주에 성공했던 것이다. 그것은 바로 풍동 실험용 프로펠러(MU-2형)와 로켓(코퍼)이었다.

알루미늄제 프로펠러의 가격은 급여가 2만 엔인 시대에 108만 엔이었지만, 현재의 화폐 가치로 환산하면 고급차를 여러 대 구입할 수 있는 가격이었다. 밀링머신으로 황삭을 하고 게이지에 맞추어 사상가공은 모두 다듬질로 했지만, 치수공차는 0.02mm의 고정도였다. 이런 장인의 기술은 현재 유감스럽지만 일본에서 사라지고 있다. 왜냐하면 NC공작기의 진화에 따라 3차원 형상 부품을 무인가공으로 할 수 있게 되었기 때문이다. 다듬질 작업의 기능과 성형 연삭기의 조작 기술에는 자신이 있었다. 미쓰비시 항공기 제작소 안에는 당시 그런 가공 기술이 없었으므로 그들은 매우 중요시하였으며, 이것을 이용했던 것

▲ 풍동실험용 프로펠러

▲ 풍동실험용 로켓

이 바로 우리 회사의 무기였다. 그러나 크게 자랑할 만한 이것들의 수주 때문에 우리 회사가 위기에 처할 것이라고는 미처 예상하지 못했다.

비행기냐, 금형이냐

직경 60cm의 프로펠러 재료(둥근 알루미늄 봉)를 거칠게 깎기 위해 마키노 사의 밀링머신을 사용했다. 복잡한 가공 때문에 핸들을 여러 번 돌려서 엔드밀로 3개의 프로펠러를 거칠게 깎는 데 120시간 이상이 걸렸다. 마키노의 밀링머신을 보름 이상 독점해 버려서 금형 제작에 필요한 정밀 밀링머신을 사용할 수 없었기 때문에 금형의 납기가 크게 늦어지게 되었다. 그러나 당시 200만 엔 정도의 밀링머신을 한 대 더 도입할 자금이 도저히 마련되지 않았다.

금형을 만들고 싶다고 지속적으로 말해온 아버지는 나와 공장장에게 금형과 비행기 중에서 어느 쪽을 선택하겠느냐고 물었다. 우리는 "금형입니다!"라고 대답했지만, 그때 아버지의 눈은 빛나고 있었다. "비싸지도 않은 밀링머신 한 대도 못 사는데,

너희들을 고생시킨다."라면서 아버지는 경영자로서 사과하고 싶었을 것이다. 이후 미쓰비시 항공기 제작소를 방문하여 당사의 실상을 설명하고 사과함으로써 최우량 기업과의 거래는 이렇게 끝났다. 현재 같으면 100배 비싼 기계라도 도입할 수 있기 때문에 이 일은 생각하면 아까운 이야기이다. 금형을 선택한 것이 좋았던 것인가, 그렇지 않은 것인가? 역사에 IF는 없다.

34세까지 트럭 운전수로 일하다

고등학생이 된 16살 때 소형 자동차면허증을 땄다. 요즘은 만 16세가 되면 소형 자동차 운전면허에 응시할 자격이 있고, 대형 오토바이도 탈 수 있으므로 젊은 세대는 부러울 것이다. 그때는 차가 드물어서 무면허로도 운전을 자유롭게 할 수 있었다.

전력회사로부터 하청을 받던 사촌형 회사의 4톤 트럭을 중학교 3학년 때부터 몰고 다녔다. 기어 체인지의 경우 더블 클러치라는 기술을 사용하지 않으면 시프트 체인지를 할 수 없는 차였다. 16살 생일을 맞은 6월 누나가 쓰던 도로교통법령 교과서를 읽고 600엔짜리 인지를 구입하여 단번에 시험에 합격했다. 시험관은 나의 운전기술을 칭찬해 주었고, 운동신경이 둔하신 아버지는 여섯 번째 시험에 간신히 합격하셨기 때문에 내가 단번에 합격한 것을 보고 매우 감탄하셨다. 여섯 번째 불합격이 되면 시험관이 동정으로 합격시켜 주던 시대였다.

아버지가 산 새차가 납품되던 날, 일주일 안에 차에 흠집을 낼지 직원들끼리 내기를 했다. 그것을 내기의 대상으로 삼았던 것이 나중에 아버지에게 들켜서 격노하셨다. 입사 후 5년째부터 금형 부문뿐만 아니라 자동차 부품 사업도 순조롭게 성장하면서 아이치 현 고객들에게 납품하기 위해 도요타의 2톤 트럭 다이나를 구입했다. 차를 무척 좋아한 나는 납품을 모두 도맡았다. 젊은 직원들도 납품을 원했지만, 금형 기술을 갖추기 위해 시키지 않았다.

사장의 아들이기 때문에 트럭은 타지 않는다고 생각하는 것은 좋지 않다고 생각했다. 또한 납품을 하고 난 후 영업을 하면 한 대의 차로 효율적으로 움직일 수 있다고 생각했다. 학창시절에 도를 넘은 '아깝다'의 생활습관이 살아 움직였던 것이다. 이후 34세까지 납품 업무가 이어졌다. 한여름에 에어컨이 없거나 비가 와도 힘든 일은 없었지만, 설립된 지 30년이 넘은 회사의 아들이 언제까지나 운전수를 해서 영세업체로 보인다는 것이

서러웠다. 결국 내가 34세가 되어서야 전속 운전기사를 채용해서 승합차로 영업을 하게 되었고, 이후 '하루 만에 이렇게 많은 일을 할 수 있을까?'라는 생각이 들 정도로 바빠졌다.

어느 날 친한 고객사의 전무와 재료도매상 사장, 이렇게 세 명이 커피를 마실 기회가 있었을 때 내가 "오랫동안 운전수를 하고 있어서"라고 중얼거리자, 두 사람은 "이토군, 무슨 소리야? 우리는 네가 일하는 모습을 보고 저 친구는 장차 큰 인물이 될 거라고 말해 왔었다."고 말했다. 나는 내가 칭찬받은 것보다 회사가 영세하다고 생각하지 않았던 것이 기뻤다. 상용차에 올라 넥타이를 매고 영업하는 게 당연했던 당시, 장화를 신고 목장갑으로 12년 동안이나 트럭을 타면서 많은 고객들에게 다른 의미에서 인정을 받았을까? 자동차가 해마다 증산하는 행운도 겹쳐서 그 후의 영업에서 큰 성과를 올리는 계기가 되었다.

'아깝다'는 마음

내가 입사한 이후 지금까지 계속 갖고 있는 것은 '아깝다'는 마음이다. 이것은 일본공업대 요코다 에츠지로 교수와 공통된 이념이다. 요코타씨는 수준 높은 금형을 제작하려면 아까운 마음의 소중하다고 역설하고 있다. 대기업의 공급자로서 보다 저렴하고 고품질의 제품을 납품하는 것이 우리의 사명이다. 고객을 만족시키려면 평소 개선의 성과가 쌓여야 한다. 전체 직원들이 이런 마음을 가지면 좋은 결과를 낼 수 있을 것으로 믿고, 이렇게 하려면 우선 내가 솔선수범해야 한다.

유한한 자원을 아껴서 조금이라도 더 많은 자원을 후손에게 물려주는 것이 지구 환경에도 도움이 된다고 생각해 왔다. 지금까지 60년 동안 차를 타고 왔지만, 나는 6분 이상 공회전을 한 적이 없다. 물론 건널목에서 열차를 기다릴 때에도 시동을 끈다. 차에는 좋지 않은 운전 습관일 수 있지만, 긴 내리막길에서

▲ '아깝다'는 마음으로 5S 활동 중인 제4공장

는 중립으로 달리는 이상한 버릇이 생겼다. 현재도 같은 차라면 여러분보다 10% 이상 적은 가솔린 양으로 달릴 자신이 있다. 고맙게도 최근에는 자동차업체가 공회전 스톱이나 하이브리드 차를 만들어 이상한 운전을 하지 않아도 되게 좋아졌다.

작은 허비는 여기저기에 있다

우리 회사에는 열두 곳에 화장실이 있다. 모두 온수 세척 비데가 있는 변기를 채택했지만, 18개의 변기에 타이머를 부착했다. 출근 직후에 11시간의 타이머를 돌리기 시작한다. 이렇게 하면 오후 5시부터 다음 날 아침까지, 그리고 주말을 포함해서 변기와 물을 따뜻하게 하는 전력을 켠 상태보다 70%의 전기를 절약할 수 있다. 절약한 전력료를 계산해 보지는 않았지만, 액수가 크지 않아도 좋다. 당사는 6개 공장 모두 태양광 발전을 갖추고 있어서 연간 2,000만 엔 정도의 전력료를 절약하고 있다. 따라서 적은 전력의 낭비를 걱정할 필요는 없지만, 70%의 낭비를 없애겠다는 마음가짐이 중요하다. 이렇게 타이머를 돌리는 행위로 전 직원의 누군가에게 '아깝다'는 마음을 심어줄 수 있기 때문이다. 당사에서는 5월부터 10월까지 반 년 동안 매일 절전을 실시하고 있다.

친구들은 "사장인 네가 그렇게 세심한 짓을 하지 말아라."라고 말하지만, 사원은 사장이 이렇게 세세한 낭비도 놓치지 않는다고 생각하는 것이 좋다. 이것을 120명의 사원이 본받아서 '아깝다'를 실천하는 것만으로도 내가 생각하는 몇 배의 절약이나 합리화가 장기간에 실현될 것이라고 믿는다. 이런 알뜰사례를 지난 수십 년간 수없이 쌓아왔다. 당사의 공장이나 사무실에는 다양한 아이디어가 가득하지만 앞으로도 개선활동에 끝은 없다. 소수 인원으로 안전하고 효율적으로 생산을 할 수 있게 된 것은 '아깝다'라는 마음으로부터이다. 위험한 작업의 제거나 품질 관리, 피로가 적은 작업 방법, 바닥에 기름이 없는 공장 등이 모두 해당된다. 나는 직원들에게 인색하지 않다고 말한다. 절약과 합리화가 이루어져서 이익이 늘어나면 반드시 결산 성과급으로 직원들에게 환원되기 때문이다. 현재는 '아깝다'라는 단 세 글자가 전체 사원의 마음에 정착되어 있는데, 이것은 당사가 75년을 연명시켜 온 것이다.

고급 호텔이나 골프장, 공공시설에서는 여름에도 화장실 변기의 히터가 ON 상태로 되어 있고, 샤워물은 온수 상태로 되어 있다. 전국 수천 만 개의 화장실이 여름철에 쓸데없는 전기를 쓰는 것은 큰 손실이고 환경 파괴를 부추기는 행위이다. 기업의 관리직은 이처럼 알기 쉽고 실행하기 쉬운 것부터 손을 대어 기업의 도덕성과 사기를 높이는 교재로 삼았으면 한다.

아시아 각국에서 여름철에 일본을 방문하는 부유한 관광객들은 일본 화장실의 성능과 청결에 감격하면서 동시에 이런 화장실에 질렸을 것이다. 이들은 방이나 비행기 안, 음료수 등이 차가울수록 고급스럽고 사치스럽다고 생각한다. 뜨끈한 변기에 앉으면 남들이 썼다고 생각하면서 오히려 더럽다고 여길 것이다. 필요는 없지만 여름철에는 오히려 물을 차게 하는 것이 좋을 것 같다. 현재까지 자질구레한 일에 신경을 써 온 내가 어차피 퇴직을 한다면 우아하고 사치스러운 생활을 하려고 하겠지만, 오랜 세월 몸에 익숙한 '아깝다'는 마음가짐이나 생활습관은 결코 없어지지 않을 것이다. 이제 'MOTTAINAI'는 2개의 해외 사업장에서도 통하는 말이 되었다.

영업사원은 야생 비둘기 정신을 가져야 한다

▶ 시국 2019년 7~8월호 원고 2월 10일

1945년에 창업한 당사가 주력 제품인 어망기계 다음으로 정밀금형을 1964년부터 시작했다는 것은 이미 언급하였다. 일품요리인 금형은 모델 체인지나 신차의 발매가 아니면 1년내내 안정적인 수주를 할 수 없다. 순송금형의 특화로 5년 경과했을 무렵부터 중부지구에서 조금씩 지명도

▲ 늠름하고 용감하게 살아 남는 야생 비둘기처럼!

를 높여왔지만, 수주 활동에서는 항상 고생하였다. 영업부원을 늘릴 정도의 기업 체력이 아니었기 때문에 외부의 힘을 빌리는 것을 생각했다. 신문사나 매스컴에 당사의 정보를 정기적으로 올려 재료 도매상이나 상사, 기계 메이커와도 밀접한 교류를 가지면서 소개를 많이 받아 신세를 졌다. 그 무렵, 나고야에서 프레스 기계를 제조 및 판매하고 있던 경영자로부터 다음과 같이 가르침을 받았다. "이토군, 고객이 돈을 버는 금형을 제작하고

판매하는 것만으로는 기업이 유지될 수 없다. 금형은 파는 것보다 사내에서 쓰는 것도 생각해야 한다. 프레스 기계를 살 수 없다면 이익이 날 때까지 빌려주겠다."라는 고마운 조언을 받아 2대의 기계를 빌리게 되었다.

이러한 믿을 수 없는 친절함이 계기가 되어 프레스 부품 가공 부문이 1970년부터 출범했다. 그리고 빌렸던 프레스 기계의 대금 변제는 무려 2년 후에 갚을 수 있었다. 선친으로부터 "스미오, 이 부품의 가공비는 잘못되지 않았는가?"라고 들은 것을 지금도 기억하고 있다. 고가의 정밀기계를 많이 갖추고 사원 교육에 5년 이상 걸리는 고도의 일이 금형이다. 그런데도 값싼 프레스 기계에 금형을 장착하여 기술적으로는 새내기 직원이 금형 제작의 3배나 되는 큰 이익을 본 것이다. 게다가 매달 안정적으로 수주가 날아드는 고마운 사업부문이 되었다. 이후 반세기가 지났지만, 지금도 금형비는 싸고 부품 양산 부문에서는 안정적으로 경영하고 있다.

친한 지인들은 "이토상, 그렇게 벌지 않을 거면 금형의 제조 판매를 그만두면 된다."라고 한다. 하지만 절대 멈출 수 없는 사정이 있다. 우선 일취월장하는 기술을 따라가려면 금형을 제작해야 기술을 축적할 수 있다. 또한 금형업체에서 금형을 제작해 주지 않으면 값비싼 신규 부품을 수주할 수 없다. 사내 금형 기술이 높으면 나름대로 부가가치가 높은 양산 부품을 수주할 수 있다. 내가 아는 금형업체는 당사보다 훨씬 고성능의 금형을 제작하고 있었다. 하지만 금형 전업 경영을 해 왔기 때문에 아쉽게 문을 닫았는데, 이것은 국가적인 손실이다.

국내외 어망관의 고객에게는 우리 회사의 존재가 알려져 있어서 자동으로 정기적인 수주가 날아들었다. 입사 이래 영업활동을 하지 않아도 어망 부품의 수주를 받는 것은 당연하다고 생각하고 있었다. 하지만 어망과는 전혀 다른 업종인 자동차 관계 고객을 개척하는 것은 매우 큰 고생이었다. 어디에 먹이가 있는지 정보도 없던 나는 야생의 비둘기처럼 날아다니면서 영업했다. 문전박대가 당연할 정도의 실력뿐이었던 그 시기에 비참했던 영업활동은 나에게 인내와 근성을 심어주었다. 젊었던 나는 "오늘은 수주를 받을 때까지 회사에 돌아가지 않겠다."는 등 나 자신에게 채찍질을 했고, 닥치는 대로 고객을 방문한 결과, 점차 부품 매출이 증가했다. 현재 우리 회사는 자동차 부품을 주력으로 월간 3억 엔 전후의 수주를 받고 있다. 일상적인 영업 노력이 없을 때에도 고맙게도 자동으로 수주가 날아든다. 이런 축복받은 환경에서 경영할 수 있다는 사실에 나는 모든 고객들에게 매우 고맙고 감사를 드린다. 그러나 15년 이상 지속된 이 혜택에 나는 위기감을 느끼지 않을 수 없었다.

경영에는 오르막 내리막 외에 '설마'가 있다. 설마란, 자연재해나 대불황 외에 주력 제품을 해외로 이전하거나 설계 변경에 의한 발주의 중단, 때로는 동종 타사에의 전주 등 다양한 요인을 생각할 수 있다. 나는 위기 관리의 일환으로 항상 사원들에게 '야생 비둘기 정신'을 심어주고 있다. 회사 상황이 좋아도 한때라도 만족해서는 안 되며, 평소에도 야생 비둘기의 정신을 계속 가질 것을 가르치고 있다. 우리 회사는 전서구 비둘기처럼 시간이 되면 반드시 먹이를 받거나 운동을 할 수 있는 축복받은 기업이 아니다. 불경기로 수주할 수 없는 등의 위기 때에는 수주를 기다리는 것이 아니라 스스로 먹이를 찾아야 하는데, 먹이는 국내뿐만 아니라 해외에도 있다. 먹이를 쉽게 얻으려면 평소에 날카로운 눈과 기술력, 정보 수집력과 어학능력 등이 필요하다. 또한 설마 했던 상황이나 거친 식사도 이겨내는 근성을 가져야 한다.

고마운 고객 덕분에 안정적인 경영이 길어지면서 오랫동안 쌓아온 우리 회사의 강점이었던 야생 비둘기 정신이 퇴화되지는 않을까? 신기술 개발이나 '아깝다'의 마음으로 끝이 없는 합리화와 개선활동을 계속해 나가지만, 향후 순풍만범의 시기에 '설마'라는 상황이 도래해도 직면하여 헤쳐나갈 수 있는 정신의 중요함을 잊어서는 안 된다. 수주가 급감한 상황은 과거에 여러 차례 경험했다. 야생 비둘기가 되어가는 당사의 영업 담당이 과거와 같은 설마의 사태에 얼마나 과감하게 대응할 수 있을지 나는 크게 걱정하면서도 나름 기대하기도 한다.

일본의 좋은 점과 취약한 점

영국의 퓨처브랜드 사는 '2019년도 일본의 브랜드 능력은 세계 제일'이라고 발표했다. 세계 각지를 여행한 총 2,500명의 사람들을 온라인으로 인터뷰한 결과로, 제품에 대한 서비스의 신뢰성과 건강한 식사 외에 자연의 아름다움, 독특한 문화가 세계적으로 높은 평가를 받았다.

중국 남방항공의 스튜어디스는 인터뷰에서 "북경 나리타편은 인기가 많고, 어텐던트 동료와 함께 하고 있다."라고 대답했다. 이러한 결과는 일본인 승객의 매너 때문이다. 식사가 끝나면 식기 등을 가지런히 정리하고, 시트나 바닥이 더러운 것을 본 적이 없다. 또한 큰 소리로 일절 이야기하지 않고, 필요한 것 이외에는 무리한 요구도 거의 없다. 따라서 업무가 편하다기보 다는 즐거울 정도라고 한다. 중국인과 한국인이 반일 감정이 많 다고 하지만, 일본을 여행한 대부분의 사람들은 일본의 좋은 점 을 진심으로 느끼고 귀국한다고 해서 재방문객이 늘고 있다. 어 릴 때부터 반일 교육을 받고 있는 이들은 진지하게 일본이 좋지 않은 나라라고 생각하고 있다. 그런 생각이 일본에 와서 실제의 일본을 접하는 과정을 통해 자기가 생각했던 것 이상으로 좋아 보이는 것은 아닐까?

일본과 중국의 관계가 이러한 상황이었는데, 인도네시아 자 카르타에서 반둥까지의 신칸센 공사를 일본은 수주 직전인 2015년 9월, 중국에 빼앗기고 말았다. 5억 엔 정도의 조사비를 쓰고 7년 만에 찾아낸 자료가 불법적으로 그대로 중국으로 넘 어가서 제조업체뿐만 아니라 정부와 국민도 분노한 사건이었 다. 내가 아는 인도네시아 국민은 모두 지금도 "일본의 신칸센 을 타고 싶었다."라고 말한다. 그들에게서 일본이 뒷돈을 안 주 니 중국에 뺏겼다는 농담도 자주 들었다. 하지만 오랫동안 인도 네시아에 주재한 상사원에게서 들은 이야기로는 그 사업은 수 주하지 않기를 잘한 것이었다. 반둥은 화산대가 있어 연간 수

센치미터씩 지반이 움직이고 있다고 한다. 따라서 몇 년 후에 선로가 크게 움직이면, 일본 메이커는 아주 오랫동안 보상을 해야 할 가능성이 있기 때문이라고 이야기하고 있다.

일본인은 이상할 정도로 영어 실력이 저조하다

지금까지 일본이나 일본인의 훌륭함을 말했지만, 어느 국민이나 일장일단이 있다. 일본인의 약점 중 하나라고 할 수 있는 것은 바로 영어 실력이다. 해외로 여행이나 업무로 나간 일본인의 어학 실력이 매우 낮다는 사실에 현지의 사람들은 크게 놀라곤 한다. 특히 아시아 사람들은 일본을 선진국, 고학력, 신뢰, 매너가 좋고 아시아에서 유일하게 노벨상을 받아서 전 세계적으로 아시아의 자랑으로 평가하고 있다. 그럼에도 불구하고 대학교 졸업자조차 영어를 못하는 일본인이 많다는 것을 신기하게 여긴 것이다.

중진국에서 해외로 나가는 사람은 뽑힌 사람들이기 때문에 영어를 못하는 사람이 거의 없다. 아시아 국가 기업에서 부장 이상의 직함이 있는 사람은 모두 영어를 구사한다. 우리 회사의 인도네시아 사업소의 대학교 졸업자는 전체가 영어를 할 수 있기 때문에 일본인을 포함한 회의가 인도네시아어가 아닌 영어로 진행되어 초기보다 훨씬 좋게 커뮤니케이션을 할 수 있다. 일본인들은 읽고 쓰는 것보다 대화가 서툴지만, 이것은 수줍은 성격도 불리하게 작용할 것이다. 요즘 일부 초등학교에서는 3학년부터 영어 수업이 시작되었다고 하는데, 이런 부분은 아주 좋은 일이다.

나는 일본인이기 때문에 영어를 잘 못한다고 생각하지 않는다. 대신 일본의 어학 교육이 좋지 않다고 단언할 수 있다. 해외 주재 일본인은 대개 반 년만 지나면 일상 업무를 영어로 할 수 있게 되고, 어떤 사람들은 1년여 만에 유창한 영어를 구사한다. 따라서 영어가 능숙하고 비교적 급여가 저렴한 필리핀인 교사를 많이 채용하는 등의 방책을 교육기관에서 진행하는 것은 어떨까?

나는 일본인의 영어 실력이 낮다는 것에 대해 외국인에게 다음과 같이 변명하고 있다. 일본에는 모든 문헌과 교과서가 일본어로 갖추어져 있기 때문에 영어를 이해하지 않고도 공부할 수 있다. 예를 들어 필리핀에는 타갈로그어로 된 문헌이 거의 없기 때문에 영어를 배워야 공부를 할 수 있다. 일본에서 공부하거나 생활하는 데 외국어는 전혀 필요 없지만, 이런 나라는 세계적으로 극히 적다. 자카르타의 대형서점에서 서적을 찾아보면 소설책이나 전문서적 등 30%가 영어책이어서 현지 간부 직원의 뛰어난 영어 실력을 납득할 수 있었다.

일본인의 영어 실력이 낮다고 말했지만, 우리가 젊었을 때에 비하면 최근에는 영어 능력이 매우 뛰어난 젊은이들도 많다. 당사에서는 14년 전부터 매년 주쿄대학교의 학생이 어학을 배우기 위해 필리핀으로 연수 여행을 가는 것을 지원하고 있다. 출발 전에는 당사의 설명회에 와서 그곳에서 현지 자기소개 리허설을 하는데, 갈수록 영어 실력이 높아지고 있다. 그들이 사회인이 되어 해외 관련 업무를 맡는 것을 상상하면 무척 기쁘다.

영어와 관계 없는 어학 이야기를 추가하자면, 메이지 유신 이후 일본은 아시아제국에 앞서 구미의 문화와 기술을 폭넓게 도입했다. 한자는 중국에서 건너온 것이 사실이지만, 중국은 정치와 경제, 법률, 수학, 과학, 의학 등 한자의 70% 이상을 일본에서 역수입했다. 이런 일본으로부터 역수입된 한자가 이제 중국과 한국에서 없어서는 안 되는 도구가 되었다. 중국과 한국에게 일본어는 외국어이지만, 일본은 이를 통해 양국의 근대화에 크게 공헌한 것이다.

▲ 누구하고도 친하게 커뮤니케이션을 하는 필자

▲ 필리핀 사업소 사원과 크리스마스 파티에서 함께 즐기는 모습

봄의 서훈, 성묘를 가서 보고드리다

2011년 여름, 중부경제산업국으로부터 2012년 봄 서훈에 추천하고 싶으니 산업계 실적과 공로를 최대한 많이 보고해 달라는 연락을 받았다. 나는 직원들에게 "자기 자랑을 하면 안 된다. 자네들의 평가는 남이 결정할 일이다."라고 말하였다. 이런 사고방식을 가진 나는 "서훈이라지만, 나의 공로를 적는 것에 매우 거부감을 느낀다."고 말하였다. 대개는 이것을 어떻게 해 달라는 말로 들리겠다고 예상했지만, 전혀 다른 대답이 돌아왔다. 당국의 담당자는 "그래요? 그럼 굿컴퍼니 대상을 추천합니다." 라고 즉시 대답했다. 부끄럽게도 굿컴퍼니 대상이 어떤 상인지 몰라서 인터넷으로 찾아봤다. 그러자 놀랍게도 1967년 시작된 이 제도로, 표창을 받은 미에 현의 기업은 단 7개뿐인 것으로 밝혀졌다.

중소기업 경영자는 개인 보증을 서 주고 기업이 기울면 모두 자기 책임이 된다. 따라서 매일의 경영은 진검승부 그 자체이기 때문에 경영자가 전력으로 노력하는 것은 당연한 일이다. 서훈은 개인이 받지만, 이것은 도와준 많은 분들과 직원들의 노력 덕분이지, 나 개인이 받는 것은 매우 부적절하다고 느꼈다. 하

▲ 2017년 봄 서훈 수훈

지만 굿컴퍼니 대상은 우량 기업에 주는 것이어서 나와 직원들에게는 더 없이 큰 영광이었다. 엄숙한 수여식에 참석해 중소기업청장의 인사를 받았지만, 가족과 비서 등 일행이 없었던 사람은 나 혼자뿐이었다.

그 후 2016년 중부경제산업국으로부터 다시 서훈을 추천받았다는 사실이 놀라웠다. 2013년 일본금형공업회 부회장직이 끝난 후 공직은 전무했기 때문에 서훈 같은 명예를 받을 줄은 꿈에도 몰랐다. 그해부터 공직을 갖고 있지 않아도 전국의 기업인 20명 정도를 추천하는 제도가 생겼다는 것을 경제산업성에서 들었다. 은행 출신으로 당사의 기타가와 총무부장은 내가 알아서 모두 보고서를 작성할 테니 꼭 접수해 달라면서 열흘 만에 서류를 작성해 주었다. 황궁에서 일왕의 인사를 받았을 때는 일본인으로 태어나 정말 행복했다. 이튿날에는 성묘를 하고 부모님께 서훈 수상을 보고드렸다. 지인은 자신의 일처럼 기뻐했고, 8월 3일 나고야의 호텔에서 축하회를 열어주었다. 이 모임에 저널리스트 사쿠라이 요시코 씨가 참석해 주셨던 것이 어제일 같이 생각난다.

전략가인가, 아버지인가
- 이토 스미오 씨가 '규격 외의 경영자'로 평가되는 이유

- 도호쿠가쿠인대학교 경영학부 교수 무라야마 다카토시

자주 방문하고 싶어지는 이유

나는 2014년 여름에 이토제작소를 처음 방문한 이후 매년 한 번씩은 이 회사를 방문해 이토 사장에게 인터뷰를 해 왔다. 또한 2014년 10월에는 인도네시아 합작회사에, 2017년 10월에는 필리핀 자회사에도 방문했다. 2015년 가을에는 도호쿠가쿠인 대학경영연구소 심포지엄에서 학생이나 시민을 대상으로 강연도 받았다.

일반적으로 연구자는 분석 대상의 기업이나 경영자와 적당한 거리를 유지하면서 조사를 진행할 필요가 있다고 말한다. 왜냐하면 분석 대상을 객관적 시각에서 계속 분석해야 하기 때문이다. 지금까지의 방문 빈도로부터 보면, 이토 사장과 나와의 거리는 너무 가까울 수도 있다. 하지만 자꾸만 발길이 가는 데는 이유가 있다.

이토 사장이 쓴 전 저서의 '해설'에서 시가대학교 전 교수인 히로나카 후미코 씨(현 츄쿄대학교 교수)도 말했던 것처럼, 이 회사를 방문할 때마다 새로운 사업 전개의 이야기를 들을 수 있기 때문이다. 처음 방문한 2014년 여름은 마침 인도네시아 합작회사가 출범한 직후로 국내에서는 판단조라는 고도의 생산 기술을 추진 중이었다. 2015년부터 2016년에는 필리핀에 금형 수출 공장을 신설할 계획을 들었다. 왜냐하면 직원들의 이직이 거의 없어서 기술자는 많이 육성되었는데, 필리핀의 시장이 작았기 때문이었다. 또한 일본 본사의 공장을 증설하기 위해 이웃의 땅을 구입하는 계획도 들을 수 있었다. 2017년 봄에는 일본 본사의 공장 증강을 위한 용지를 이미 구입했고, 필리핀 금형 수출 공장의 공사도 순조롭게 진행되고 있다고 했다. 아울러 필리핀 자회사의 핵심 인재 중 한 명인 필리핀인 로즈 앤드리온 여사를 자회사 사장으로 등용한다는 이야기도 들었다.

이렇게 줄줄이 새로운 방안이 쏟아져 나왔지만, 이것들은 경기가 좋고 분위기가 고양되어 점점 확대되는 것이 결코 아니었다. 이토 사장은 상당히 신중한 경영자이면서 스스로 능력의 한계를 확실히 파악하고 있었다. 예를 들어 "너에게는 50명 이상의 종업원을 관리할 수완이 없다. 50명 이상으로 정규직을 늘리지 말라."는 선친의 교훈을 지금도 굳건히 지키고 있다. 사원 수는 50명을 넘고 있지만, 종업원을 늘리지 않고 공장을 운영할 수 있는 구조를 만들면서 총 직원을 110명 정도로 억제하고 있다. 또한 인도네시아 진출과 관련해서도 해외 거점을 2개나 운영할 자원이나 능력이 없다고 판단해 함께 하겠다는 인도네시아의 합작 상대로부터의 러브콜을 일단 거절했다. 최종적으로는 나중에 다시 상술하겠지만, 일본에서 사원을 파견하지 않고 해외 거점을 세우는 체제를 만들어 인도네시아로의 진출을 완수했다.

이 회사를 찾을 때마다 새로운 사업 전개의 이야기를 들을 수 있다. 이것은 중소제조업체가 어려운 경쟁 환경에서 살아남기 위해서 필사적으로 스스로를 진화시키려는 모습과 같다. 도쿄대학교 후지모토 다카히로 교수는 저서 《능력 구축 경쟁》(중·공신서, 2003년)에서 자동차산업에서 살아남으려면 강한 조직 능력을 구축하고 이것을 진화시키는 능력이 필수라고 지적했다. 진화 능력은 자동차 회사나 대형 부품업체에만 요구되는 것은 아니다. 자동차 부품이나 금형을 다루는 중소기업에도 마찬가지로 필요하다. 진화를 멈춘 기업은 대기업이든, 중소기업이든 시장에서 퇴출될 운명에 놓여 있다.

▲ 필리핀 사원을 지도하는 이토 사장

▲ 필리핀 레스토랑에서(오른쪽에서 세 번째가 이토 사장, 왼쪽 앞이 필자)

살아남을 수 있는 중소기업들은 환경 변화를 미리 보고 신중하게, 그러나 꾸준히 진화해야 한다. 이러한 진화 능력을 가진 기업은 방문할 때마다 변화하고 있기 때문에 몇 번을 방문해도 재미가 있다. 방문 간격을 두면 진화를 따라갈 수 없게 된다. 그리고 신중하게 조금씩 진화하고 있어도 이것을 급격한 변화(해라 해라, 계속)로 오인하게 될 것이다. 그러므로 향후에도 출입 금지가 될 때까지는 1년에 1회는 이토제작소를 계속 방문할 예정이다.

전략가의 얼굴

이토 사장에게는 2개의 얼굴이 있다. 하나는 전략가의 얼굴이고 다른 하나는 아버지의 얼굴이다. 이전 저서인 《일본의 훌륭한 아버지식 경영》이라는 타이틀에서 알 수 있듯이 이토 사장은 스스로를 '중소기업의 아버지'라고 부른다. 지금까지 3권의 저서를 통해 이 회사의 기술 경영이나 국제 경영을 고찰한 결과, 이토 사장은 날카롭고 예리한 전략가였다. 우선 전략가의 얼굴부터 소개해 보겠다.

이토 사장은 2개의 기준에 준거해 신규 사업을 전개할지를 판단하고 있다. 하나의 기준은 수요가 공급을 웃도는 장소인지 여부이고, 다른 하나의 기준은 경합이 적은 영역인지의 여부이

256
선진 국가로서 제조업의 역할

다. 이것은 당연한 기준이라고 생각할 것이다. 하지만 이것은 구매자나 경합 타사로부터 경쟁 압력이 약한 장소를 찾아내어 거기에 포지셔닝하는 것이 전략의 본질이라고 주장한 마이클 E. 포터 교수의 경쟁 전략론을 확실하게 실천하는 것이다(마이클 E. 포터 《경쟁의 전략》, 다이아몬드 사, 1982년).

예를 들어 필리핀에 진출하기 전에 태국에 좋은 조건으로 진출할 기회도 있었다. 하지만 수많은 일본계 기업이 진출하면서 이미 수급균형이 깨졌다고 판단해 태국 진출을 미루고 1995년 시점에서 아직 일본 기업이 진출하지 않았던 필리핀을 선택했다. 또한 크게 성장하고 있는 인도네시아에서는 현지에서 거의 경합이 없는 프레스의 순송금형이나 정밀 프레스 부품을 다루면서 확실히 경합이 적은 기술 영역을 선택해 진출을 완수했다. 이 때문에 이 회사의 인도네시아 합작회사에는 조업을 시작하기 전부터 정보를 들은 일본계 메이커로부터 수많은 상담이 들어왔다고 한다.

한편 일본에서는 라이벌이 적은 판단조 등 최첨단의 생산 및 가공 기술의 연구와 개발에 적극적으로 임하고 있다. 또한 이토 사장은 일본 국내에서 자동차 부품의 수급면에서 비교적 유리(수요 > 공급)한 지역으로 동북지방을 꼽는다. 토요타를 생산하는 자회사나 토요타계 1차 서플라이어가 진출해 있었지만, 현지의 2차 서플라이어가 생각하는 것처럼 성장하지 않는 동북지역의 실정에 비추어 현지의 중소기업과 좋은 조건으로 손을 잡으면 같은 지역에서 전개할 가능성이 있다고 시사하고 있었다. 또한 경합이 작은 영역 중에서도 한층 더 유리하게 경쟁하기 위해서 독자적인 자원이나 능력을 구축하고 있다. 다음 페이지의 그림은 이 회사의 경영 자원과 그것을 묶는 능력을 체계적으로 나타낸 것이다. 모든 것을 설명하고 싶지만, 지면이 부족하므로 이 회사의 생산 전략 중 하나로 자주 다루어지는 '금형 교체 프레스'에 대해 간단하게 설명하려고 한다.

이 회사는 한 달에 일주일만 가동하는 프레스 기계를 여러 대 소유하고 있다. 이 프레스기는 1개의 부품을 생산하는 전용기로 되어 있어서 금형을 교체하지 않는다. 한 달에 일주일만 가동되기 때문에 가동률이 가장 낮고, 생산관리 상식에 비춰볼 때 있을 수 없는 프레스기 사용법이다. 그렇다면 왜 금형을 교체하지 않는가? 그것은 금형 교체에 소요되는 공수와 인원 절약이 이토제작소의 경쟁력을 뒷받침하는 자원과 조직 능력의 목표 중 하나이기 때문이다.

◆ 이토제작소의 경쟁력을 지탱하는 자원과 조직능력

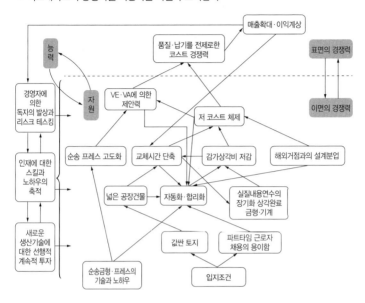

  많은 자원이 경영자나 인재의 능력에 의해 복잡하게 묶여 경쟁력이 구축되어 타사가 모방할 수 없다. (출처: 무라야마 다카토시《츄우쿄우켄·순송 프레스 Tier 2 메이커와의 비교로 보는 토호쿠 자동차산업의 가능성과 한계》- 미에 현 욧카이치 시, 이토제작소의 사례를 중심으로《도호쿠가쿠인대학교 경영학 논집》제7호, 2016년 3월, 27쪽에서 일부 수정하여 전재한다. 또한 '표면과 이면의 경쟁력'이라는 개념은 후지모토 다카히로《능력 구축 경쟁》(중공신서, 2003년)을 참조.))

금형 교체를 줄이는 것은 단순히 금형을 교환하는 것뿐만 아니라 품질을 안정시키기 위한 시험 및 품질 보증을 위한 치수 측정 등에 많은 공정 수가 소요된다. 금형 교체가 많아지면 추가 인력(인건비)이 필요하다. 이토 사장은 인건비 증가와 프레스기의 감가상각비 증가를 신중히 비교한 결과, 역시 프레스기 수를 늘려서 금형 교체를 줄이고 적은 인원으로 공장을 운영하는 것이 유리하다고 판단했다. 판단의 근거는 과거 50년 동안 인건비는 40배가 되었지만, 프레스기의 가격은 3배 정도의 상승에 지나지 않았다는 것에 있다. 감가상각비가 늘어나 일시적으로 적자를 낼 수도 있었지만, 이 방식을 도입한 이후 이익은 꾸준히 증가해서 이전보다 품질이 안정되고 프레스기와 금형의 수명도 늘어났다.

더욱 중요한 것은 이 방식이 성립하는 요건이다. 평소보다 많은 프레스기를 사용하기 때문에 넓은 공장과 용지가 필요하다. 이 회사는 중부권에 있지만, 미에 현 욧카이치 시의 시골에 있기 때문에 토지대가 평당 10만 엔으로 싸다. 이토 사장은 평당 30만 엔이 되면 금형 교체 프레스로는 채산이 맞지 않으므로 많은 공장이 입지해서 토지비가 비싼 아이치현 미카와 지구에서 이런 방식을 실행하는 것은 어렵다고 말했다. 그리고 금형 교체

▲ 로봇을 활용한 자동화 라인

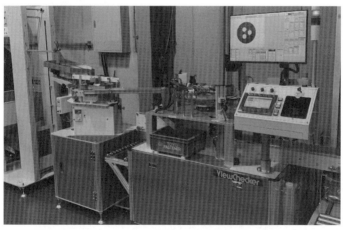

▲ 고속(400개/분)으로 검사하는 전자동 화상측정기

전략가인가, 아버지인가

를 하지 않은 전용기로 생산되는 부품은 월 10만 개 이상의 양산 부품들이다. 이 회사에서 월 15만 개 이상 양산되는 부품은 약 65개인데, 이들 매출은 전체 매출의 80%를 차지한다. 반면 매출의 20%에 해당하는 약 800개의 월 생산량이 적은 부품은 통상의 방식대로 생산된다. 이 회사는 월 15만 개 이상의 양산 부품을 좀 더 많이 수주하기 위해 꾸준히 개선하는 과정을 통해 비용 절감을 반복해서 거래처로부터의 신뢰를 획득해 왔다. 기존 부품에 대해 단가 인하를 제안하는 동시에 신차종이 발생될 때 생산량이 많은 부품에 대해 경쟁력 있는 가격을 제시함으로써 유리한 수주로 연결시켜 왔다고 이토 사장은 말했다.

'금형 교체 프레스'라는 독자적인 생산 전략은 개선과 제안을 통한 거래처와의 신뢰 관계와 이러한 신뢰를 지렛대로 획득한 생산 수가 많은 부품군, 그리고 중부권에서도 토지대가 싼 유리한 입지 등 몇 가지 활동이나 자원의 축적 후에 성립되고 있는 것을 이해할 필요가 있다. 이러한 요건이 갖추어져야 실행할 수 있는 전략으로, 바로 이것은 경영전략론의 자원 기반 어프로치의 대표적 논자 제이 B. 버니 교수가 말하는 '모방 곤란성'으로 연결되는 것이다(제이 B. 버니, 《기업 전략론》, 다이아몬드 사, 2003년). 실제로 동종 타사가 같은 방식으로 임하다가 도중에 그만두었다고 한다. 타사가 쉽게 흉내낼 수 없는 자원의 조합이 있기 때문에 앞에서 보아온 유리한 포지션을 오래 유지할 수 있는 것이다. 모방이 곤란한 자원과 유리한 포지셔닝이 표리일체의 관계가 되어 이 회사의 경쟁력을 확실히 지지하고 있는 것이다.

다른 하나는 본사 ⇔ 해외 자회사, 해외 자회사 ⇔ 해외 자회사의 거점 간 네트워크의 활용이다. 우선 본사와 자회사의 관계 중에서 특필해야 할 것은 필리핀 자회사의 금형 기술자가 본사의 금형 설계를 지원하고 있다는 점이다. 판단조 등 고도의 금형의 설계는 본사에서만 할 수 있지만, 일반적인 순송금형의 설계는 필리핀인 기술자의 레벨이 일본인에 뒤지지 않는다. 본사의 금형 설계가 바빠서 일손이 부족할 때 필리핀으로 일을 돌려서 설계 지원을 시키기 때문에 일본인 설계자 수를 필요 이상으로 늘리지 않아도 된다.

다음으로 자회사와 자회사의 관계 속에서 주목해야 할 것은, 필리핀인 기술자가 인도네시아의 거점 설립을 지원하는 시스템 구축이다. 거점을 시작하기 위해서 본사에서 일본인의 기술자를 보내면 코스트가 들 뿐만 아니라 빠듯한 인원으로 가동중인 본사에도 인적 자원이 부족해진다. 이토 사장에 의하면, 필리핀 자회사의 기술자를 모아 인도네시아의 합작의 설립에 협력해 줄 수 있는지 물었더니 전원이 인도네시아에 가고 싶다고 손을 들었다고 한다. 이렇게 필리핀인이 인도네시아의 거점 설립을 지원하는 구조야말로 인도네시아에서 합작을 설립하는 데 결정적 수단이 되었다. 2015년 여름 현재 품질관리요원 1명, 설계 1명, 금형 제작 2명, 설계와 CAM NC기 조작 1명 등 모두 5명의 필리핀인이 지원 인력으로 인도네시아 합작회사에 근무하고 있었다.

최근에는 국내의 저출산의 영향으로 공업고등학교를 나온 기술자의 채용이 어려워서 재외 자회사로부터 본사로의 기업내 전근이라고 하는 새로운 방안을 강구했다고 한다. 필리핀인 4명에 2020년 6월부터는 인도네시아인 2명이 가세해 총 6명의 재외 자회사 직원들이 본사 제조 현장에서 기술 승계에 나섰다. 해외 자회사에는 일본에서 일하고 싶은 우수하면서도 즉시 전력화된 인재가 많다. 이렇게 해외의 의욕 있는 신진 인재를 기용하는 것으로 일본에서의 채용난과 기술 계승이라는 문제의 해결을 도모하는 것은 매우 현명하다. 이 회사는 일본 회사를 포함해서 3개소의 각 사업 거점에 인재를 '배치'하고 그 능력을 잘 '조정'하는 방식으로 사업을 유리하게 전개하고 있다(마이클 E. 포터 편저,《글로벌 기업의 경쟁 전략》, 다이아몬드 사, 1989년). 이상과 같이 이 회사가 펼치는 전략은 경영전략론의 분석 틀에 준거해서 잘 이해할 수 있는데, 이것이야말로 이토 사장을 '전략가'라고 부르는 이유이다.

아버지의 얼굴

본인이 자칭하고 있듯이 이토 사장에게는 중소기업인 친아버지의 얼굴이 있다. 우선 이토 사장에게서는 일본에서도, 해외에서도, 사장과 사원의 거리가 매우 가깝다는 것을 느끼게 된다. 이전 저서에서도 자세하게 기록했지만, 남자 사원들과는 휴일 전날에 함께 목욕탕에 가서 가끔 연애 상담도 하고, 여직원과는 요리를 같이 즐긴다. 예를 들어 필자와 함께 국내 공장을 돌 때에도 직원이나 파트타임으로 일하는 사람들에게 "어때, 힘내?"라고 말하면서 스스럼없이 말을 주고받았다.

필리핀 자회사에서도 이토 사장의 행동은 아버지 그 자체이다. 자신이 현지에서 조리한 국수국물과 조림을 필리핀 직원들에게 나눠준다. 퇴근 후 마닐라까지 저녁을 먹으러 갈 때에도 필리핀인이나 인도네시아인 직원들과 함께 정원이 꽉 찬 승합

차를 함께 타고 이동하는데, 필자도 동승한 경험이 있다. 교통 정체도 있어서 도착하기까지 1시간 반 정도 걸렸지만, 이동 중에도 필리핀인이나 인도네시아인 직원들과 일과 사생활에 대해 대화를 나눈다. 물론 이토 사장은 모두 영어로 대화한다. 이것은 사원 수가 적기 때문에 가능하겠지만, 이토 사장은 사원 한 사람 한 사람의 능력이나 성격을 매우 잘 파악하고 있다. 우리 학교의 심포지엄의 강연에서도 노력하고 있는 신입사원의 입사로부터 현재까지의 일하는 모습에 대해 자세하게 이야기해 주었다. 이들이 어떻게 노력했고, 어떤 능력을 갖춰왔는지 모두 기억한다. 또한 필자와의 대화에서도 "우리 회사와 같은 중소기업을 선택해 준 젊은이들은 모두 소중히 하고 싶다."라

▲ 일본 수준의 금형 메인터넌스를 하는 현지 사원

▲ 주쿄대학 우메무라 이사장으로부터 필리핀에서 특별영예객원교수의 칭호를 수여받은 이토 사장

고 말하고 있다. 확실히 이토 사장은 사원들의 아버지이고, 아버지이기 때문에 아이들을 알려고 하며, 소중히 여긴다.

그렇다고는 해도 아버지라는 것은 결코 아이들을 응석받이로 삼지 않는다. 히로나카 교수도 썼던 것처럼 이 회사에서는 신입사원을 원칙적으로 혼자 해외 거점으로 보낸다. 이들은 현지 종업원들에 둘러싸인 상황에서 기술, 영업, 관리 등 폭넓은 일을 경험하며 실력을 키운다. 그리고 힘을 기른 직원들을 적절히 평가하여 급여와 상여금으로 꼬박꼬박 보답한다. 여기서 구체적인 액수를 적기는 어렵지만, 우리 학교 심포지엄 강연에서는 필리핀과 인도네시아의 해외 거점에서 부사장을 지낸 40대

사원(당시)의 연봉이 언급되었는데, 대기업보다 나은 액수였다.

최근에는 보다 명확해지고 있지만, 일본을 대표하는 대기업에 취직한다고 해도 결코 장래가 약속되는 것은 아니다. 그렇다면 이토제작소와 같은 힘이 있는 중소기업에 취직해서 소중히 여겨지면서 젊었을 때 해외 자회사에 부임해 다양한 경험을 쌓은 후 어디에서나 통용되는 능력을 몸에 익히는 방식도 나쁘지 않을 것이다.

이토 사장은 어디를 가도 인기인이다. 필자는 이토 사장보다 한 발 앞서 필리핀에 들어가 자회사에서 공청회를 실시했는데, 이토 사장이 도착하자마자 현지 종업원의 표정이 웃는 얼굴로 변한 것을 보았다. 이토 사장은 사장인데도 으시대지 않고, 이야기가 재미있으며, 자신 있는 마술로 사람들의 마음을 부드럽게 하는 기술도 가지고 있다. 아베 총리의 아시아 국가 순방에 동행한 이토 사장이 아베 총리와 조코 대통령 앞에서도 타이밍을 맞춰 마술을 선보였던 일화는 본편에서도 소개되었다. 필자와 같은 연구자에 대해서도 매우 개방적이고, "중소기업에 관심을 가져주어 고맙다. 중소기업의 경영이나 기술의 이러한 점에 주목하면 좋다. 이 회사를 봐 두는 편이 좋다."라고 하면서 항상 적극적으로 어드바이스를 해 준다.

▲ 보라카이 친목여행을 즐기고 있는 사원들

　　나는 이토 사장의 이런 표면적인 언행뿐만 아니라 더 깊은 곳
에 사람을 끌어당기는 무언가를 갖고 있다고 생각한다. 인도네
시아의 합작 상대인 아르마다 재벌의 지배인 격으로 인도네시
아의 종업원이나 재벌의 후계자로부터 엄격한 경영자로 추앙
받는 J 부디요노씨와 식사를 하면서 이야기한 적이 있다. 부디

요노씨는 이토 사장에게 반해 합작회사 설립을 위한 열렬한 러브콜을 보낸 사람이다. 나는 부티요노씨에게 "왜 이토씨에게 끌리는가?"라고 질문했는데, 부디요노씨는 "이토상의 노력하는 모습에 끌린다. 그리고 무슨 일에도 열심히 임한다."라고 대답했다. 이 말에 나도 깊이 동감했다. 이렇게 아버지가 '노력'하는 모습에 사원들이 따라온다. 아버지의 노력을 보고 직원들의 사기도 고무된다. 그리고 필리핀이나 인도네시아의 다른 나라 사람들도 일본 아버지의 노력하는 모습에 매료되는 것이다.

이토 사장이 키운 사원들도 눈에 띄게 성장하고 있다. 필리핀 자회사의 신임 사장으로 취임한 로즈 여사와 인터뷰를 할 기회가 생겼는데, 그중에서 인상에 남는 몇 가지 이야기를 소개하고 싶다. 우선 로즈 여사는 이토 사장 매니지먼트의 특징에 대해 신뢰하고 권한을 이양해 주었다. 작업 로테이션에 의해 시스템 전체를 배울 수 있기 때문에 지식을 높일 수 있었고, 투명성도 높고 솔직해서 신뢰가 간다고 말했다. 게다가 사장으로서 자신의 향후 회사의 운영 방향에 대해서 "사원들 간 지식의 공유가 중요하다. 서로 믿는 것이 중요하다. 이것도 이토 사장으로부터 배운 것"이라고 말했다.

"협조뿐만 아니라 경쟁도 중요한 것 아닌가?"라는 다소 짓궂은 질문에 대해 그녀는 경쟁이 아니라 개개인이 새로운 것에 도전하는 감각을 갖는 것이 중요하다고 대답했다. 이러한 도전 중 하나가 필리핀 자회사에 의한 인도네시아 합작회사의 설립 지원이었다. 또한 "당신만큼 우수하다면 더 큰 기업으로 전직할 기회도 있지 않았느냐?"는 질문에 로즈 여사는 "마닐라에서 회사까지 1시간 출퇴근은 확실히 힘들다. 하지만 자기보다 직원을 성장시켜야 할 책임이 있기 때문에 회사를 떠날 수는 없다."고 대답했다. 일본 아버지의 마음이 필리핀 여성으로 전파되어 이국 땅에서 착실히 길러지고 있는 것이다.

지면 관계로 한 사람씩 상세하게 접할 수는 없지만, 일본에 있는 중견사원과 후계자는 3대째도 힘을 길러오고 있다. 중소기업에 있어서 사업 승계는 큰 과제가 된다. 특히 사장의 카리스마가 강할수록 승계가 어려워질 것이다. 차세대를 담당하는 중견사원과 3대째 사람들은 모두 해외의 자회사에서 경험을 쌓았는데, 이들은 이질적인 문화 속에서 살아남기 위한 논리적 사고력과 유연성, 인내심을 갖고 있다. 이것들은 향후 더욱 더 진전해야 할 글로벌 사회에서 분명히 큰 무기가 될 것이다.

이 회사는 현지 상업고등학교의 우수한 여성들을 매년 신규 졸업자로 채용하고 있다. 그리고 이들에게 품질 관리나 생산 관리의 간접 부문뿐만 아니라 CAD/CAM을 적극적으로 배우게 해서 NC공작기계의 가공 데이터 작성이나 실제의 가공까지 담당할 수 있는 여성 사원을 배출하고 있다. 이것은 여성들이 본래의 힘을 발휘해 활약할 수 있는 회사가 된다는 것이다. 다음은 스텝업으로 금형 설계의 기능을 습득시켜서 여성 금형 설계자를 육성하려고 한다. 물론 이토 사장은 아직 현역으로 계속 활약하지만, 아버지의 애정을 받으면서 해외 자회사라는 도장에서 단련된 씩씩한 중견 사원이 있고, 활약할 기회를 부여받은 여성사원이나 재외 자회사의 직원들이 차례차례로 성장하고 있다.

▲ 미래의 제조업을 짊어질 젊은 사원들과 함께(본사 앞)

아버지의 탈을 쓴 전략가

마지막으로 본보기 제목인 "전략가인가, 아버지인가?"라는 물음으로 되돌아가 보자. 나의 정답은 '아버지의 탈을 쓴 전략가'라는 것이다. 경쟁이 치열한 중경권의 자동차 부품산업 속에서 제대로 이익을 내려면 경쟁 압력이 적은 포지션의 발견과 선택, 그리고 그 자리를 지키기 위한 독자적인 경영 자원과 능력의 조합뿐만 아니라 치밀한 비용과 이익의 분석이 요구된다. 이중에서 우선 뛰어난 전략가가 되어야 한다. 중소기업 아버지의 얼굴만으로 살아남을 수 있을 정도로 요즘 자동차산업의 경쟁은 쉽지 않다. 어려운 환경 속에서도 이토제작소가 양호한 경영 실적을 남기는 것으로 볼 때 이토 사장의 진정한 모습은 전략가인 것이다.

이토 사장의 아버지 얼굴에 이끌려 의욕을 많은 사람들이 모여드는 것도 사실이다. 이런 긍정적인 공헌 의욕을 가진 사람들이 있어야 조직이 성립된다면 아버지로서의 얼굴도 기업 존속의 필수 요소가 된다. 이토제작소에는 '이토 사장'이라는 아버지의 존재가 있어야 한다. 그래서 '전략가'라는 참모습에 '아버지의 탈을 쓰고 있다'는 표현이 좋다고 생각한다. 더 나아가 전략가와 아버지의 얼굴을 동시에 자연스럽게 들 수 있다. 이것이 바로 이토 사장이 '규격 외의 경영자'라고 평가되는 이유이기도 하다.

이전의 저서까지는 한 개인, 그리고 경영자로서 내가 지금까지 실천해 온 것들 중에서 생각나는 대로 적어왔다. 마지막으로 다소 원시안적으로 약간의 의도나 의의를 되묻고 싶다.

애프터 코로나 사회에서의 경영을 생각하다

요즘 코로나 바이러스 때문에 혼란스런 가운데, 나는 내 자신의 경영을 재검토한 후 향후의 경영 방향에 대해 본연의 자세를 되돌아볼 시간과 기회를 얻었다고 긍정적으로 파악하고 있다. 도호쿠가쿠인대학교의 무라야마 다카토시 교수가 '후기'에서 기술했듯이, 지금까지 분명히 나는 경쟁에서 유리한 제품이나 장소를 간파해 라이벌과의 과도한 경쟁을 회피함으로써 자동차산업이라는 어려운 경쟁 속에서도 안정적으로 이익을 올렸다. 그리고 이것이 지금의 당사의 안정된 재무 체질과 경영 기반으로 연결되었다고 자부한다. 그러나 이번에는 약간 다른 시점에서 '이익이란 무엇인가? 원래 이익이 어디에서 오는 것인가?'라는 것을 고민해 보았다. 자동차산업의 창시자 중 한 사람이자, '자동차왕'으로 부르는 유명한 헨리 포드는 대중봉사의 결과로 기업에 이익이 돌아간다는 생각, 즉 이익결과론을 표방하고 있었다. 남들이 창업한 회사 경영에 참여했을 때 제품인 자동차를 외면하고 돈벌이에만 매달리는 경영자들에게서 염증을 느껴 경영의 바른 모습을 궁리한 후 이익결과론으로 돌아섰다는 것이다. 포드는 대중인 소비자에게 봉사하는 것, 즉 좋은 차를 만들고 그것을 싸게 제공하는 것이 자동차회사의 본래 목적이라고 했다.

포드는 과거의 위인이고, 그가 회사를 설립한 지 백 년이 넘었지만, 나 자신은 지금 그의 생각에 강하게 공감하고 있다. 당사의 고객은 최종 소비자가 아니라 대기업의 자동차 부품 메이커이지만, 생각은 같다. 우리의 경영 목적은, 고객인 부품 메이커에 대해 품질이 좋은 부품을 좀 더 싸게 제공하는 것이다. 물론 우리 같은 중소 부품업체들이 제대로 된 부품을 더 싸게 생산함으로써 최종 소비자에게도 좋은 제품을 더욱 저렴하게 제공할 수 있다. 이러한 목적을 위해서 우리는 금형 기술이나 설계 및 생산 설비의 혁신을 위해 날마다 노력해야 한다. 그 본래의 일을 제대로 완수할 때 처음으로 매출이 오르고 이익을 얻을 수 있는 것이다. 특히 거래처인 대기업 부품 메이커가 기술면에서 곤란을 겪고 있을 때, 그리고 타사에서는 이 문제를 해결할 수 없을 때 독자적인 기술이나 아이디어로 문제 해결에 공헌할 수 있으면, 결과적으로 좋은 일을 받을 수 있는 것이다. 반대로 이익을 올리는 것이 우선시 되어 버리면 나쁜 제품을 얼마나 비싸게 팔까 하는 비생산적이고 좋지 않은 발상을 하게 된다.

그리고 회사가 얻은 이익은 노동자에게 조박조박 환원해야 한다고 했다. 그리고 이렇게 노동자에게 환원하면서 가정의 구매력이 향상해 자사 제품의 시장이 확대한다고도 생각했다. 나 자신은, 주위의 사람들로부터 '그것까지 오픈할 필요가 있는가?'라는 말을 들으면서도 경영 상태를 사원에게 소상히 설명하고, 이익이 났을 때에는 시간제 근로자나 해외 자회사의 종업원에게도 보너스로 환원해 왔다. 물론 경영 환경 악화 등으로 이익이 나지 않을 때는 종업원도 조금만 참아야 하지만, 경영 실적을 항상 공개하면 종업원도 납득하게 된다. 이러한 나의 개방적인 경영 자세는 일본뿐만 아니라 필리핀 해외 자회사의 종

업원 등으로부터도 높이 평가되어 경영자에 대한 전폭적인 신
뢰로 연결되고 있다.

지역 사회 공헌을 위한 새로운 자세

마지막으로 지역 사회에 대한 봉사에 대해서도 내 나름의 생
각을 정리해 보겠다. 우리 회사는 미에 현, 필리핀, 인도네시아
에서 사업을 전개하고 있어서 사업 활동의 장소를 제공해 준 지
역 사회에 은혜를 갚는 것이 당연하다고 생각한다. 그러나 당사
와 같은 중소기업이 어떤 공헌이나 봉사를 할 수 있을까? 역시
중소기업은 본업을 통해서 지역에 공헌할 필요가 있는 것이다.
이러한 조건으로 무엇을 할 수 있는지 생각해 보면 지역 및 각
가정에서 맡기고 있는 사원들을 확실히 육성해 나가는 것이다.

우리 회사에서는 본인이 희망하면 항상 새롭고 어려운 일
에 도전할 수 있는 캐리어 패스를 준비하고 있다. 최근에는 상
고 출신 여성이라도 노력을 하면 금형 설계자가 될 수 있고, 그
에 걸맞는 급여를 받을 수 있는 커리어 패스와 교육 프로그램을

제공할 예정이다. 결혼 후에도 일을 계속하면 가정이 경제적으로 안정된다. 또한 코로나 바이러스의 영향으로부터 리모트 워크의 필요성이 높아지고 있지만, 애프터 코로나 사회에서도 그 흐름이 계속되어 불가역적으로 리모트 워크가 진행될 가능성이 있다. 주휴 3일이 되자 설계에 집중 교육을 했더니 5월 말에는 첫 번째 금형의 설계도면이 완성되었다. 최초의 금형 트라이에 입회한 그녀는 "인생에서 최대의 기쁨"이라고 말했다. 설계(CAD)가 완성되면 가공 데이터(CAM)를 작성해 NC공작기로 무인가공에 넌설된다. 이 프로그래밍과 와이어컷 방선가공기 소작도 스무살 안팎의 젊은 여성들이 주전으로 활약하고 있다.

필리핀에서도 확실하게 인재를 육성하여 지금은 현지인 여성 사장 로즈에게 권한을 대폭적으로 이양할 수 있었다. 현지인 여성을 사장으로 발탁해 경영을 맡겼는데, 그녀는 이미 나의 생각을 깊이 이해하고, 나 이상으로 확실하게 현지의 종업원들을 관리 및 육성하고 있다. 그래서 코로나 바이러스의 영향으로 장기간에 걸쳐 현지에 가지 못해도 안심하고 경영을 맡길 수 있는 상태이다. 과감히 권한을 이양하고 사람을 키워놓은 것이 의도하지 않게 해외 사업을 계속할 수 있는 환경으로 이어지고 있다. 게다가 필리핀 정부가 우리 회사를 높게 평가하는 데도 이러한 요소가 결부되고 있는 것이다.

'에프터 코로나' 혹은 '위즈 코로나'라고 하는 시대에 나는 새로운 견해나 생각을 도입하고 회사를 경영해 가려고 구상중이다. 즉 경영자로서의 새로운 숙제로 '전유와 경쟁'에서 '공유와 협조'로 시각을 바꾸고, 이익만이 목적이 아닌 '봉사의 결과'로 인식하여 지역 사회를 포함한 외부 이해관계자 여러분과 '함께 번영해 가는' 경영 방식을 탐구하려고 한다.

시대와 환경이 배움을 멈추도록 놔두지 않는다. 당사가 회사로 살아남고 이해관계자 여러분께 계속 공헌하기 위해 후계자 및 종업원들과 함께 열심히 공부해야 한다. 끝으로 이번 한국어판 출판에 있어서 한국어로 번역 작업을 해 주신 나의 오랜 지인이자, 한국의 유능한 금형 기술사인 김재진 사장님과 ㈜성안당 이종춘 회장님께 깊은 감사를 드린다.

이토제작소 연혁

1945년 12월	미에 현 욧카이치 시 하마초에서 이토제작소 창립, 전후 재해에 의한 어망 기계 및 연사 기계의 부흥 사업으로 창업
1957년 7월	주식회사 이토제작소 설립, 자본금 150만엔
1963년 10월	순송 프레스 금형설계 제작 개시
1964년 8월	자본금 500만엔으로 증자. 고가네초에 공장 신설, 프레스 금형제조 합리화를 위해 기계 증설
1979년 4월	대형 자동 프레스 NC밀링기 2대와 와이어 컷 4대 증설
1983년 8월	고객 요구에 따라 CAD/CAM 도입
10월	금형 부분의 합리화를 위해 툴 100개 교환 대응(ATC 부착) 머시닝센터 등 관련 설비 증설
1985년 3월	고속 자동 프레스 5대, 멀티 페이서 도입
1986년 4월	본사 사무소 및 사원 기숙사(9세대) 건설
12월	히로나가초 카미타카다에 프레스 전용 공장 신설(2100m²)
1990년 11월	자동 설계 시스템 와이어 컷 4대 도입
1991년 11월	본사 금형 공장(960m²), 항온실(336m²) 건축. 머시닝센터 2대 도입
1995년 12월	필리핀에 합자회사 이토포커스 설립, 자본금 800만 페소

이토제작소 연혁

1997년 1월~	●	합자회사에 설비 이전을 위해 프레스 9대, CAD/CAM 4대, 머시닝센터 2대, 와이어 컷 2대, NC밀링, 3차원 측정기 도입
2000년 7월	●	프레스 공장 제품 창고 증설(420㎡)
8월	●	ISO9002 인증 취득
2001년 4월	●	자동 프레스 14대 도입(300톤 등 13대)
2002년 8월	●	환경 매니지먼트 시스템 에코스테이지 I 인증 취득
2003년 3월	●	필리핀 합자회사를 100% 독자로 하고 「이토제작소 필리핀 코퍼레이션」(ISPC)로 개조. 자본금 2000만 페소
2005년 3월	●	프레스 제2공장 신설(936㎡)
2007년 6월	●	프레스 제3공장 신설(612mm²)
9월	●	자동 프레스 12대 도입(아이다 PMX300톤, 아마다 PDL 300톤 등 10대)
2008년 7월	●	활기찬 모노즈쿠리 중소기업 300사에 설정됨
2009년 1월	●	자동 프레스 8대 도입(아이다 PMX600톤 등 7대)
2010년 12월	●	프레스 제4공장 신설(1367㎡)
2013년 3월	●	프레스 제5공장 신설(741㎡)
4월	●	인도네시아 합자회사 「이토제작소 아르마다(ISA) 설립」.자본금 300억 루피아
2013년 11월	●	제31회 우수경영자 표창 수상
11월	●	제47회 굿컴퍼니 대상 우수기업상 수상

선진 국가로서 제조업의 역할

2015년	4월	●	스미토모 덴소 주식회사로부터 종합 우량상 수상
	7월	●	스미토모 덴소 주식회사로부터 우수 파트너상 수상
	10월	●	2009년부터 6년간 자동 프레스 49대(400톤 판단조 등), 머시 닝센터 3대, 와이어 컷 4대 도입
2016년	12월	●	ISO/TS16949 인증 취득(ISA)
2017년	1월	●	아베총리의 동남아 외유(필리핀, 인도네시아)에 이토 사장 동행
	4월	●	이토제작소 필리핀 코퍼레이션(ISPC)에 금형 전용 공장 신설
	4월		2017년 봄의 서훈 「욱일단광장」 수훈
	12월	●	경제산업성으로부터 「지역미래견인기업」에 선정
2018년	10월		복리후생시설 「황금장」 완성

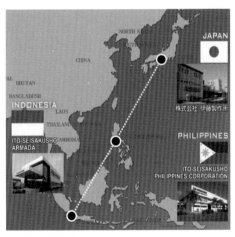

▲ 이토 그룹 3거점

MEMO

MEMO

선진 국가로서 제조업의 역할

2020. 11. 3. 초 판 1쇄 인쇄
2020. 11. 16. 초 판 1쇄 발행

지은이 │ 이토 스미오
옮긴이 │ 김재진
펴낸이 │ 이종춘
펴낸곳 │ **BM** (주)도서출판 **성안당**

주소 │ 04032 서울시 마포구 양화로 127 첨단빌딩 3층(출판기획 R&D 센터)
      10881 경기도 파주시 문발로 112 파주 출판 문화도시(제작 및 물류)
전화 │ 02) 3142-0036
      031) 950-6300
팩스 │ 031) 955-0510
등록 │ 1973. 2. 1. 제406-2005-000046호
출판사 홈페이지 │ www.cyber.co.kr
ISBN │ 978-89-315-9062-3 (03320)
정가 │ **15,000원**

이 책을 만든 사람들
책임 │ 최옥현
진행 │ 디엔터
교정·교열 │ 안혜희
본문·표지 디자인 │ 디엔터
홍보 │ 김계향, 유미나
국제부 │ 이선민, 조혜란, 김혜숙
마케팅 │ 구본철, 차정욱, 나진호, 이동후, 강호묵
마케팅 지원 │ 장상범, 조광환
제작 │ 김유석

이 책의 어느 부분도 저작권자나 **BM** (주)도서출판 **성안당** 발행인의 승인 문서 없이 일부 또는 전부를 사진 복사나 디스크 복사 및 기타 정보 재생 시스템을 비롯하여 현재 알려지거나 향후 발명될 어떤 전기적, 기계적 또는 다른 수단을 통해 복사하거나 재생하거나 이용할 수 없음.

■ **도서 A/S 안내**

성안당에서 발행하는 모든 도서는 저자와 출판사, 그리고 독자가 함께 만들어 나갑니다.
좋은 책을 펴내기 위해 많은 노력을 기울이고 있습니다. 혹시라도 내용상의 오류나 오탈자 등이 발견되면 **"좋은 책은 나라의 보배"**로서 우리 모두가 함께 만들어 간다는 마음으로 연락주시기 바랍니다. 수정 보완하여 더 나은 책이 되도록 최선을 다하겠습니다.
성안당은 늘 독자 여러분들의 소중한 의견을 기다리고 있습니다. 좋은 의견을 보내주시는 분께는 성안당 쇼핑몰의 포인트(3,000포인트)를 적립해 드립니다.

잘못 만들어진 책이나 부록 등이 파손된 경우에는 교환해 드립니다.